忠诚增长

LOYALTY GROWTH

新零售时代的用户管理

邓　斐◎著

中国财富出版社

图书在版编目（CIP）数据

忠诚增长：新零售时代的用户管理／邓斐著．—北京：中国财富出版社，2019.6

ISBN 978－7－5047－6951－0

Ⅰ.①忠…　Ⅱ.①邓…　Ⅲ.①零售业－市场营销学　Ⅳ.①F713.32

中国版本图书馆CIP数据核字（2019）第117138号

策划编辑　郭　莹　　**责任编辑**　张冬梅　郭　莹
责任印制　尚立业　　**责任校对**　杨小静　　**责任发行**　白　昕

出版发行　中国财富出版社
社　　址　北京市丰台区南四环西路188号5区20楼　　**邮政编码**　100070
电　　话　010－52227588转2098（发行部）　010－52227588转321（总编室）
　　　　　　010－52227588转100（读者服务部）010－52227588转305（质检部）
网　　址　http://www.cfpress.com.cn
经　　销　新华书店
印　　刷　北京京都六环印刷厂
书　　号　ISBN 978－7－5047－6951－0/F·3111
开　　本　880mm×1230mm　1/32　　**版　　次**　2020年6月第1版
印　　张　7.25　　**印　　次**　2020年6月第1次印刷
字　　数　132千字　　**定　　价**　49.00元

引言 | Forward

忠诚，一个从古至今人们都在歌颂的名词，在许许多多案例中它又显得如此复杂，令人望而却步。我们在对它无比渴望的同时，事实却一次又一次地来摧毁我们对它的美好期盼。

在我们的生活中，忠诚这个名词从未离席，没有哪一个时代像现在一样让我们如此渴望它的存在，无论是在爱情的国度里，还是在友谊的世界里。阿德里安·莱恩（Adrian Lyne）执导的电影《不忠》中，女主角康尼背叛了自己的丈夫爱德华，在激情和忠诚之间选择了激情，康尼对待忠诚的态度，让爱德华和她陷入了危险和困境中。这是在爱情中关于忠诚的故事。关于激情与忠诚的困境，我们还没有找到答案。在这场持久的战役中，如何来讨论它们之间的相处？一边是相伴终生，白头偕老；一边是保鲜期很短，比蜜桃还要美味的激情。忠诚在爱情中显得如此脆弱，也正是在爱情中我们最能体会到忠诚的存在和它的复杂性，假设婚姻最后都是失败的，我们又怎能不怀疑忠诚的存在？这也正是忠诚的可贵之处，忠诚脆弱和不可信的特点被不留情面地暴露出来了，但是如果爱不能维持长久新鲜，在没有忠诚的爱情里，终究留下的是一副躯壳。

囚徒困境在博弈论中作为一个经典的案例也能让我们感知到忠诚的这一特性。警察把两名犯罪嫌疑人分开审讯，给出游戏规则和四个选项：A. 如果你认罪，并检举你的伙伴，而你的伙伴没有检举你，那么你的伙伴入狱 10 年，而你无罪释放。B. 如果相互检举，那么各判 7 年。C. 如果你没有告发伙伴，而伙伴告发了你，那你将承担所有的罪名，入狱 10 年。D. 如果你和你的伙伴都保持沉默，两人各只拘留 6 个月。从文字中我们可以很明显地看到，最理想的答案应该是 D，即两个都保持沉默，这样受到的惩罚是最小的，是一个双赢的局面。但事实证明，经过严密理性的思考后，犯罪嫌疑人多半是选择背叛同伙，原本可能只需各被拘留 6 个月，结果双双入狱 7 年。评估自身利益得失所采取的行动是理性行为，但在这次博弈中最为成功的策略是愿意对伙伴保持忠诚。

忠诚可能是无视理性而存在的，在美国作家艾瑞克·费尔滕（Eric Felten）的作品《忠诚》中写道：“正是因为忠诚摆脱了理性的限制，才有了巨大的威力。更多的时候我们用感性来描述那些放弃理性逻辑思考的人，想要激励某种行动时，情感通常先行。情感可以激发最强大的、最为持久的行动动机，情感是意志力最为永恒的刺激因素。”

在当今商业的世界中，聪明的商人，一方面对客户忠诚嗤之以鼻，而另一方面又在不断地鼓吹自己的商业王国拥有的客户数量、客户的复购率，来证明客户是多么的忠诚于自己的品牌。20 世纪 80 年代，哈佛商学院开始正式研究忠诚在商业中的运用，而其中的佼佼者——管理学大师弗雷德里克·F. 瑞克霍德（Frederick F. Reichheld）在 *The Loyalty Effect* 中阐述了忠诚度在企业中三大方面的运用，即客户忠诚、员工忠诚和投资者忠诚。在客户忠诚的研究中提出了如果能运营好现有的客户，能让生意比从零开始发展新客户所花费的成本更低、效率更高的黄金法则。让我们再来温习一下：“争取一个新客户的成本是维护一个老客户成本的 5 倍。”“如果能留住 5% 的客户，企业的利润将提高 85% 。”相信很多客户关系管理的爱好者或者从业人员以及老板都知道这些看上去特别美好的黄金法则。找到并留住自己的最佳忠诚客户是核心，但是在实际的案例中，我们会看到真正忠诚的客户，他们并不一定是创造绝对价值的客户，这看上去很矛盾，一方面我们要去建立客户忠诚度体系，另一方面我们又很难让那些真正贡献绝对价值的客户成为我们的忠诚客户。更甚之，如果你在一家经常去的餐厅里，发现餐厅的美食大不如前，服务质量下降，餐厅为了解决客户流失的问题，设计并推出了客户忠诚奖励计划，就算如此，作为消费者的你也不会为了那 1 份免费的美食奖励而去强迫自己在低质的食物和服务面前去消费 10 次。

是时候和每位对忠诚有疑惑或信仰的读者们一起分享，人类作为生物世界中最高等的动物，是如何激发出自己的信任、依赖和忠诚的。从生物学角度来看，脊椎动物拥有情绪奖赏回报中枢，快乐的情绪会让人产生信任感和依恋感。给情绪奖赏回报中枢下命令的是“多巴胺能神经元”，其含有并释放多巴胺。多巴胺是大脑回报中枢最广为人知的神经递质，可卡因之所以能给人带来快感就拜它所赐。而人体能打开多巴胺通道控制情绪中枢的是催产素和加压素，这两种激素是我们的大脑皮下部位的杏仁体和纹状体分泌的，这就是忠诚感知的来源。

情感中的忠诚度是如何来维系的呢？

20 世纪 90 年代，马里兰大学和埃默里大学的多名科学家共同发表了一系列的研究成果，其中就有一个有趣的实验。研究者将两类不同的野鼠，一类叫草原野鼠，另一类叫山地野鼠，放在一起共同生活交配，结果出现了非常明显的区别。对于草原野鼠来说，交配和同居意味着两性之间建立了彼此欣赏、心无旁骛的“夫妇”关系。但对山地野鼠而言，共度的时光和性行为没有任何意义。这样的区别源于催产素和加压素。对于雌性而言，催产素启动了奖赏中枢。草原野鼠的交配刺激催产素的分泌，在大脑的奖赏中枢里打开了多巴胺通道。而且雌性草原野鼠的催产素受体要比山地野鼠的多。这就说明了草原野鼠更容易产生信任和依赖感，降低社会性恐惧和反感。对于雄性而言，加压素让雄性草原野鼠与异性结成一对，并为其担负起了责任。形成的机制依然是加压素受体开启了奖赏中枢的多巴胺通道，而雄性草原野鼠的加压素要远远多于山地野鼠。在这个基础上，科学家拉里·杨发现了一个细微但很重要的区别，加压素的受体数量和基因启动的 DNA（Deoxyribonucleicacid，脱氧核糖核酸）序列有关。婚姻生活中的玩世不恭或是天长地久取决于基因启动序列上的加压素受体的数量。

将研究成果带到商业中，根据科学家们的实验案例，至少我们学习到以下内容。

（1）人与生俱来具备忠诚的基因。

（2）女性的忠诚度更随性，更加感情化；而男性的忠诚度的建立与基因的关系更密切。

（3）忠诚度会随着个人催产素和加压素的变化而变化，不是一成不变的，客户的忠诚度也是如此。

（4）我们需要的是打开多巴胺通道的“钥匙”。

站在商业的角度，我们应该正确地认识客户，正确地认识客户忠诚度，既不能因为客户“朝三暮四”而全盘否定客户忠诚度的存在，也不可盲目地指望每一个客户都像草原野鼠一样和你的品牌产生坚贞不渝、始终如一的情感。

从工业时代来到互联网时代，我们在购物时忘却了心仪的商品触手可及时的快乐，忘记了店员的一句让人暖心的语句所带来的快感，更忘记了种种场景下人与人面对面交流时语言给内心留下的愉悦，取而代之的是冷冰冰的电子化的商品和服务。

抛开纯电商情景下的业态，我们发现有一种业态并没有像上面所描述的那样，商家在不断努力搭建云端移动互联网“战场”的同时，也在不断加强和升级地面攻势，而且这样的场景规模庞大，我们并没有看到纯云端和纯地面的商业格局的割裂，反而是融合了。这就是“互联网＋”的商业场景，也就是说，“某个传统行业＋互联网＝某个行业的互联网化”。随着越来越多的传统行业加入，我们看到“旅游＋互联网”“零售＋互联网”“酒店＋互联网”“餐饮＋互联网”“汽车＋互联网”“教育＋互联网”“百货＋互联网”“医疗＋互联网”“交通＋互联网”等，“＋互联网”这个商业业态如雨后春笋般在传统行业中孕育和成长。然而这个“重生”的成长过程对于多年来用传统思维在运作的企业来说，是一次意想不到的奇妙之旅。从单纯线下门店经营升级到“传统行业＋互联网”的这一跨越，使传统的管理者受到挑战，企业经营需要思维的转变，在经营中消费者与品牌的关系将被重新定义。

2008年至2018年的十年，中国人口红利让互联网在中国大地上收获满满，完美告别上半场，而下一个十年的挑战将让每一个企业知道网络时代从免费到昂贵的代价，让企业的经营者不得不回到商业的本质，认真思考存量用户的管理问题：如何搭建用户管理平台，如何运营好品牌与用户之间的关系。用户忠诚战略一定会成为下一个十年企业管理的核心。

是免费、折扣还是积分？是实体会员卡还是电子会员卡？忠诚度计划的价值如何显现？传统的会员部门还需要吗？是挂在线上运营部还是市场部？企业还正在疑惑用户有没有忠诚度的时候，一堆新的问题扑面而来。时代没有给企业太多思考的时间，我们一面在具有强大说服力的理论下坚定自己工作的不可替代性，而另一面又被客户大量流失、追求野蛮增长寻求新客户的大潮所打败。相信我的同人们在这样的新时代下常常会接收到企业在短期内招募会员的惊人数字，也常常会被企业高层质疑自己部门在企业的地位和贡献，在这样一种新零售模式下，商业面临着新的挑战，客户忠诚管理这个话题也面临着新的挑战，我们需要用新的思维和方法来重新认识它。

客户忠诚度管理过时了吗？客户忠诚度死了吗？这是1990年管理学大师Reichheld在*The Loyalty Effect*一书中开宗明义提出的问题，时间已经过去了将近30年，这个问题依然充满着魅力。在婚姻中，人们一直渴望忠诚的爱情，因为不忠带来的激情只是绚烂的烟花，是吃过蜜桃后的短暂回甘。我们还是更渴望忠诚的婚姻所带来的满足和不朽，它显得如此珍贵。在伙伴的世界，我们知道只有相信对方的忠诚才能换来双赢的结局，但是事实往往一次次残酷地证明忠诚的脆弱，让我们在选择的时候是那么容易理性地为利益所驱使，而无法感性地选择忠诚。是的，我们好像发现了两个词——“脆弱”和“珍贵”。我们之所以会不断地问自己忠诚死了吗，是因为它脆弱而又珍贵。一旦人作为一个个体被激发或赋予了忠诚的能量，那意味着他被赋予了情感的行为将不受理性的控制，能量巨大，难以想象；可这种能量又像一株美丽的玫瑰离开了营养和水分，变得那么容易枯萎。珍贵但又脆弱的忠诚让研究者与从业者对此充满了好奇，这可能就是近30年来在商业领域中有关客户忠诚的话题不断被讨论的原因所在吧。

此书希望能在新零售商业时代里，为存有疑惑，或者说对客户忠诚又爱又恨的管理者们揭开忠诚的谜团，并为这样一个时代带来一些新的思维和方法。

本书分为变革、思维、套路、呈现四大部分。关于变革篇，从大的时代的变迁带来经济环境的变革、行业的变革，到互联网让普通的消费者群体、企业、管理者以及从业人员都发生了巨大的变革，这种变革猝不及防，让很多的企业措手不及，甚至毫无招架之力。同时，这种变革也让一批优秀企业变得更加优秀。这部分就是和读者一同来复盘。思维篇主要讨论新商业环境下消费者的变化、技术的日新月异、商业模式的升级所造成企业中关于用户管理的迷思和新旧思想观念上的碰撞，以及因此而衍生出的新思维，即用户忠诚管理 MHAD = 移动化（Mobility）+人性化(Humanized）+联盟化(Alliance）+数据化（Datamation)。我们通常认为，一个技能如果经过长时间的训练，基本可以达到炉火纯青的状态，在套路篇中，我们希望表达的是其实不需要长时间的训练，我们只需在关键的环节上加以磨炼形成一定的“套路”，也一样能收获用户忠诚，而这些“套路”正是来自多年的经验和案例分析，犹如武林秘籍中之精华。现代企业的管理是数字的管理，所有抽象的用户忠诚在商业中的运用如果没有被可视化，那将变得毫无意义，呈现篇是将所有用户忠诚管理中的理论、模型和套路最后用数字进行呈现，让其能看得见、摸得着。我们还挑选了不同行业中实实在在、真真切切发生在每个人身边的优秀的用户忠诚管理之“作品”，将其还原并展现在读者面前，和大家共同欣赏和学习每招每式的魅力。

我们所知最早的用户忠诚奖励的形式，应该就是我们现在在星巴克依然能见到的邮戳吧，消费者在一张小小的卡片上，通过消费集满 10 个邮戳就能获得 1 杯免费的咖啡。如今技术的发展使用户管理全程电子化成为可能，让每一次用户奖励都被记录下来并与其经营数据有机地结合在一起，形成闭环。沟通方式由最早采用纸质 DM（Direct Mail，快讯商品广告）的形式，到邮寄 E-DM（电子直邮），再到自媒体的公众号、订阅号，口碑营销形态也不再是以前的口口相传；越来越多的经济概念，例如粉丝经济、免费经济、共享经济、口碑经济等成为当今互联网时代的产物。新零售商业形态，改变的是时间、空间和介质，但是无论时代怎么变化，用户忠诚永远离不开四大要素：识别、沟通、奖励和数据。如果我们把这四个词连成一句话，那就是“精准地识别用户，通过有效的沟通手段，用奖励来改变用户行为，从而为企业创造持续可预见的收益，而这整个过程都将数据化”。这就是用户忠诚管理。

一本书并不能将所有发生在这个世界上关于用户忠诚的故事讲完，笔者也从来没有奢望将其一一描述，而是希望能把看到的和感受到的那一个个闪亮的地方，呈现给读者，也希望这本书的读者能感知到。

在这里要感谢我家人的支持，特别要感谢我的好朋友 Howard 和晓东的大力支持。最需要感谢的是提供案例的优秀同人，因为有你们，用户忠诚管理的世界变得如此动人和充满活力。

接下来，让我们一起走进互联网新零售时代下的用户忠诚管理世界吧！

邓　斐

2020 年初春于上海

Contents | 目录

变革

01
第一部分

第一章 谜团

第一节 变革的本质

技术往往是商业时代变革的重要推动力。英国演化经济学家卡洛塔·佩雷斯认为，一个技术在经济的范式演化中分为四个阶段，即爆发阶段、狂热阶段、协同阶段和成熟阶段。前两个阶段为导入期，而后两个阶段为展开期。佩雷斯在《技术革命与金融资本》一书中写道：在导入期，技术创新中的大量关键产业和基础设施在金融资本的推动下得以形成，但同时会遇到来自旧范式的抵抗并产生各种矛盾，各种制度变革的呼声日益高涨。在展开期，技术革命的变革潜力扩散到整个经济中，为整个经济的发展带来的助益达到了极致。

1971 年，英特尔微处理器的问世，拉开了信息时代的大幕，这时距推动整个工业时代进程的蒸汽机的发明已 200 多年。信息时代的到来改变了我们的生活和生产方式。即时通信和全球化通信、信息爆炸、市场细分、就业岗位倍增、知识变成资本、网络结构和非集权的一体化等，仿佛在一夜之间横空出世。中国在短短的20多年里，互联网从窄带到宽带，从PC端到移动端，从最早的BBS、门户网站、电子商务，发展到网络文学、网络游戏、网络社交，再到网络零售、移动支付、导航应用，等等。互联网改变着我们的衣、食、住、行、用。同时，互联网正将实体经济带入新零售模式，如同“革命”一般在大大小小的企业中进行着。

“互联网+”作为国家战略被提出，显然已经不是在导入期了，而是到了展开期，“互联网+”在为经济的发展带来新的动力。但是“互联网+”的本质是什么？这个问题是需要解答的。我们可以先从“互联网+”的基础构成来看。随着技术边界的不断扩张，基础设施也发生着巨变，包括大数据和云计算（云）、互联网和物联网（网）、终端和App（端）。简单描述就是，云让数据的运算变得更快、更便捷，网让人与人、人与物或者是物与物之间可以交织交换，而端则是我们手中的手机或各种移动设备，作为个人的终端。阿里研究院的《互联网+：从IT到DT》一书中为我们做了解答：“互联网+”的本质是传统产业的在线化、数据化。互联网广告、网络零售、在线批发、跨境电商所做的工作都是努力实现交易的在线化。只有商品、人和交易行为迁移到互联网上，才能实现在线化；只有在线才能形成“活的”数据，随时被调用和挖掘。在线化的数据流动性强，不会像以往一样仅仅封闭在某个部门或企业内部。在线的数据随时可以在产业上下游、协作主体之间以最低的成本流动和交换。数据只有流动起来，其价值才能最大限度地发挥出来。

如今，我们所看到的传统产业都在朝着“互联网+”的模式转化和转变：“互联网+零售”“互联网+金融”“互联网+物流”“互联网+教育”“互联网+航空”“互联网+旅游”“互联网+餐饮”，等等。我们有幸见证这样一个时代的到来，并参与其中。有一个著名的赌局，互联网和传统行业的代表人物马云和王健林曾用1亿元作为赌注，判断线上和线下交易在中国零售市场的市场份额比例。当然现在看来，这个赌局已经不那么重要了。

有经济学者对未来线上、线下交易额占比做了预估，如图1-1所示。

从图中可以看到，未来的经济不是纯线上交易，也不是纯线下交易，而是全渠道（omni channel）“互联网+”的商业形态，并将最终走向“1/4+1/4+1/2”的占比格局。传统企业纷纷布局“互联网+”的商业模式，为的是不让企业输在起跑线上。

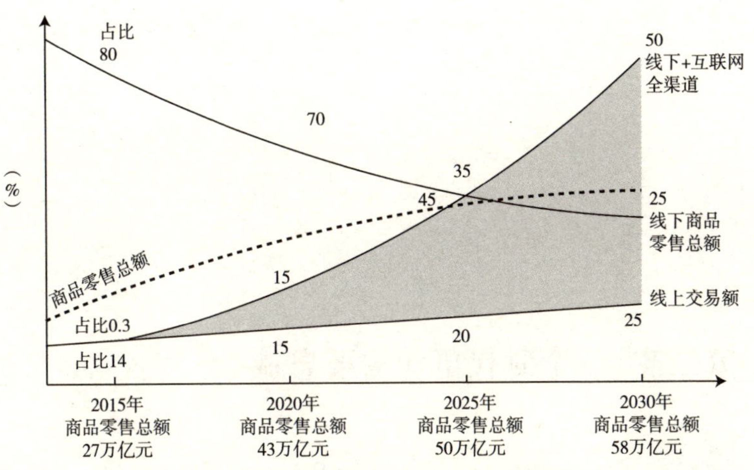

图1－1　全渠道零售额分布趋势图

资料来源：新浪财经《新零售时代——未来发展新趋势》。

现在的挑战并不是单纯的线上或线下的挑战，而是对传统行业的互联网新零售商业思维的挑战。互联网全渠道带来的新旧思维的碰撞，是传统模式和互联网模式的碰撞，更是企业传统管理思想和互联网管理思想的一次碰撞。传统企业既没有互联网企业那样与生俱来的互联网基因，又不能轻易地摆脱传统行业根深蒂固的、旧的管理思维。这场互联网新零售模式的变革，给传统行业带来了巨大的机遇，同时也给长期习惯于传统运营思维的管理者们带来不小的挑战。

第二节 这个时代更加需要忠诚

当下在企业营销中，线上和线下不再是独立存在的，它们显然是无法分开的。随着移动设备的发展，基于智能手机、智能眼镜、智能手表等可穿戴设备与云计算的大数据体系，帮助消费者实现了沟通的“秒连”。消费者的消费行为和消费决策变得复杂了，企业的品牌定位再不是像以前一样任由企业说了算，企业品牌逐步转变为用户品牌。

回顾客户忠诚管理发展的进程，从20世纪至今，依然有大量企业追捧的4C和4R营销理论为互联网新零售时代的新型业态下的忠诚思维奠定了重要基础。

所谓4C，是1990年美国学者罗伯特·劳特朋（Robert F. Lauterborn）在*New Marketing Litany*：*Four Ps Passé*，*C-Words Take Over*一文中提出的，即客户（Customer）、成本（Cost）、

便利（Convenience）、沟通（Communication）。4C 模型的提出打破了 4P 时代以商品为核心的营销理论，从而开启了以客户为中心的客户关系型营销模式——企业的核心是满足客户的需求，发现和挖掘客户个性化需求，制定综合的市场营销组合策略，来实现顾客价值和企业效益的双赢。2001 年，美国管理学家艾略特·艾登伯格（Elliott Ettenberg）在其著作《4R 营销》一书中进一步升级了以客户忠诚为终极目标的 4R 营销理论，即关联（Relevancy）、反应（Reaction）、关系（Relationship）和奖励（Reward），在 4R 中更加强调了企业应该与客户在市场变化的动态中建立长久的互动关系，从而防止客户的流失，确保赢得长期而稳定的市场。同时，企业可以在面对客户需求迅速变化的时候，建立快速的反应机制，做出正确的反应。以 4R 为基础的营销模式已经开始着眼于企业和客户的互动与双赢，把企业与客户联系起来，形成独特的关系，使企业形成竞争优势。4R 的出现补充了 4C 的不足，即企业仅仅满足市场需求和客户需求是不够的，建立长期稳定和有效的客户忠诚关系才是企业发展的最终目标。在企业客户管理方面，这些理论已经从本质上讲述了客户是企业的重要资产，但是在“半信息化”的商业环境下要做到这一点又谈何容易。在实际的经营中，人作为消费者是独立的个体，在没有形成支付的时候，企业是很难捕捉到他们的信息的，对于一个传统企业而言，几乎所有对消费者的认知都是片面和单一的，这使得企业在各种营销活动中显得心有余而力不足，往往最后的努力都打了水漂。在这样一个“尚未形成闭环的商业环境”中，让客户成为企业资产这件事，基本上成为许多传统行业的管理制衡手段，甚至更像是一句口号。

而“互联网+”的“全信息”“闭环的商业环境”，对于对4C和4R有着深刻认知的传统行业来讲，是一件多么令人兴奋的事情。消费者的行为与之前相比，发生了翻天覆地的变化，而这些变化恰好让在传统行业中遇到屏障的企业“茅塞顿开”，让实现客户为企业核心竞争力的目标成为可能，正是这样，商家们更加渴望客户忠诚的存在。在“互联网+”时代下的消费者，我们能明显地看到其发生的四大变化——群体化、互动化、时空化、聚合化。

一、群体化

现在的消费者已然不是独立存在的，对于“互联网+”时代的人来说，选择、接触和组织“兴趣小组”已经是一件极为容易的事情。比如我们经常会在公司里，随意建了“悠闲下午茶”“快乐午餐”之类的群，就能让有喝下午茶习惯的人和那些对午餐要求较高的人瞬间被组织起来，形成群体。再比如，我们会很容易地在互联网上找到与自己的兴趣相同的“组织”和“同伴”，关注自己感兴趣的人和事。从大的方面来看，消费者可以形成各类文化圈子，这在这个时代变得特别容易。时代促使消费者能更加遵从自己作为一个独立自然人的本真，在互联网的世界寻找独一无二的自己和喜好投缘的群体，畅所欲言，解放自己。这使得在4C时代作为大众和标准化商业主流的环境发生了重要的变化，而这个变化正是消费者个性化小群体的存在带来的。企业要思考的不是以客户为中心，而是要以人作为中心对消费者进行重新定位。

在过去，客户的定义是为企业创造利益的那部分人，企业只需要维系好为企业带来利益的那部分人的忠诚度即可，对没有为企业带来利益的人，可以不用理睬，也无须过问。具有这样一种客户忠诚度管理思维的企业从未在乎过感情丰富、文化多元的个性化群体，而正是我们忽略的这些小众的文化群体、社会小群体，已经成为新时代的“主流”，成为互联网的入口，也成为“互联网+”商业模式下企业客户关系管理的重要组成部分。

二、互动化

社会小群体中互动的力量，让这个群体中的人越来越多地相信群体里伙伴的声音，这种口碑效应替代了企业所想要塑造的品牌形象。在过去，企业要创造品牌，会通过高额的预算投入电视、纸媒或户外的广告来宣传品牌定位，创造客户品牌忠诚度。而如今，消费者在社会群体中的互动，创造了消费者与消费者之间的企业品牌，本质上发生了巨大的变化。例如，小米就是从建立用户心智开始，然后再做品牌的。《参与感：小米口碑营销内部手册》一书中对于小米做品牌的路径如此写道："一开始只专注忠诚度，通过口碑传播不断强化这一过程，到了足够量级后，我们才投入去做知名度。……MIUI（米柚）用户就是从最初的100人开始积累，并通过口碑传播不断扩散，如今已超过了6000万人。"

企业和客户之间的金钱关系，决定了经济利益的交换，而这种交换相对来说是偏理性的。消费者与消费者之间的交换是相对感性的，在感性的环境中更加有利于达到客户忠诚管理中最高的阶段，也就是情感忠诚。在序言中我们曾提到，珍贵的忠诚来源于能感知幸福的"多巴胺通道"的打开，而在社会群体中的消费者与消费者之间的情感认同正好打开了"多巴胺通道"，让在这个小小的社会群体中的人相互信任、相互依赖，创造了珍贵的忠诚。利益的交换在整个社会中扮演的角色是极其有限的，企业花费代价要让一个个消费者对一个冷冰冰的品牌保持忠诚的难度远远超过让其在社会群体中与其他消费者互动而自发创造忠诚。而在这样的逻辑下，以产品为核心的用户体验将被互动体验所取代，作为为用户提供幸福感的互联网入口，互动体验所带来的是认同和快感。产品已然成为互联网新零售时代下为消费者带来幸福感的载体。

三、时空化

这个时代是信息光速流动的时代，每个人既是信息的传播者，又是信息的消费者，与传统时代相比，最主要的变化就是打破了信息不对称的堡垒。正是因为时空化之后，商业思维面临着巨大的挑战，去中心化这样一种形态渗透在商业组织架构、生产及渠道等诸多方面。比如现在很多的 Shopping Mall（购物中心）中的电影院、餐厅等已经不仅用来引流，还是粉丝聚会之地。商家已经不是 Shopping Mall 的中心，消费者才是中心。如果明白了这个道理，那么在新的商业生态环境中，所有的商业活动是在经营人，而经营人就是在经营人的时间。《互联网+：从 IT 到 DT》一书中写道："人的时间已经成为最有价值的资产。时间这个要素从此开始与空间并列成为移动互联网中竞争的核心要素，而且我们可以想象得出，时间的价值一定会超过空间的价值。"

四、聚合化

过去的传统行业讲的是“1 + 1 = 2”的线性发展，而如今互联网全渠道的时代讲的是突变式的非线性的发展，如今的消费者比任何一个时代的消费者更加能称得上是商业的主角。社群化带来的消费者大聚合所生产的能量已经让这个当知无愧的商业主角成为全新的商业力量。

主流的聚合模式分为三种：情绪聚合、兴趣聚合、价值观聚合，其实都是很好理解的。在移动互联网的世界里，这些类型的聚合要比在非移动互联的世界里更加容易形成，而且一旦形成，能量巨大。水能载舟，亦能覆舟，这就是一种势能，这种力量如果能被企业重视并运用得当，那么非线性的发展能助力企业高速发展；但如果企业还是用传统的思维，甚至观念陈旧，那么不但不能搭上这趟高速列车，而且很有可能被这股新的势能所摧毁。

与其说是互联网让传统意义的消费者增加了互联网的属性，倒不如说是人性让互联网的消费者更加显性，让客户忠诚管理变得更加富有挑战，又被注入了新的活力和机会。

第一，从“广”的层面来看，就传统的零售门店而言，一个门店所需要面对的客户是有限的，由于数据的局限，对客户的识别能力也是有限的，所以，传统行业中的客户忠诚度管理方法也仅限于通过会员卡和等级权益与客户产生黏性。从忠诚营销的角度来看，传统的零售门店由于客户基数较小，样本也不够大，基本上都是采用比较粗放单一的营销方式。新零售商业模式“空中地面战场”的形成带来了客户数量的倍数增长，这样一来，更加考验客户忠诚管理人员对数据的敏感性和分析能力：不但客户基数变大，客户忠诚管理人员还能通过更加广泛的数据支持赢得客户对品牌的忠诚。

第二，从“深”的层面来看，传统行业的客户沟通仅限于服务或者导购人员与客户面对面的交流方式，人与人之间高质量的面对面沟通更加有利于对客户忠诚度的培养。在互联网中，几乎所有的沟通环节都可以线上化，如从售前、售中，再到售后，所有的沟通都可以文字化和音频化，同时，与消费者沟通的内容范围也会纵向拉深。这样的沟通变得更加深入和高效，但同时也出现了察言不能观色的难题。

第三，从“精”的层面来看，以前，传统的数据信息来源于 POS 系统（销售时点信息系统），数据结构单一化；而现在，消费者所有的交易信息都被准确记录，包括浏览、渠道、时间、支付、支付间隔等，这些数据被进行分析和量化，为更加精准的客户识别、个性化沟通和个性化营销提供条件，帮助企业真正实现精准的数据化客户忠诚度运营。这是互联网时代给客户忠诚管理带来的一剂良药，当然，如何运用好这些精准的数据也变得至关重要。

时代的推动使得商家越来越渴望得到客户的忠诚，这种渴望来自两个方面：一是来自企业内部的推动力，在传统行业向互联网全渠道发展的进程中，商家掌握的消费者的信息越来越丰富，由于全信息闭环的形成，商家对消费者的认知更加具体和清晰，在消费者管理中的识别、奖励、沟通上都变得更加准确和及时，驾驭客户的能力越来越强大。二是来自外部的推动力，互联网的出现使得消费者比以往更加缺乏忠诚度，由于互联网赋予消费者的四大属性，传统的商家了解到仅在支付那一刻获得消费者关注是不够的，那样会使自己在毫无防备之下被竞争对手的粉丝群侵蚀，造成毁灭性的打击。

第二章｜解惑

第一节｜一场无声的战役在内部打响

对传统企业而言，互联网新零售的形态不亚于一场革命，而这场革命比早先在信息化时代全企业上线 ERP 系统（企业资源计划系统）的革命要来得猛烈和残酷。许多企业是抱着试试看的心态来“触网”的，因此这场不彻底的变革，从一开始就预示着失败。

我们会看到在这场变革中最引人注目的就是企业内部组织架构的混乱，互联网犹如一瓶魔力药水，让企业的内部开始翻腾。企业普遍在组织架构中增加了互联网部，紧接着就是线上线下多个 KPI（关键绩效指标），有几个部门，例如互联网部、门店运营部、市场部门，就像小孩在争夺喜爱的玩具，使出各种稚气的招数。但这或许都是进化的过程，毕竟人类的进化和企业的进化在某种程度上近乎一样，充满着不确定性。如果内耗是企业逃不掉的宿命，那么我们就应该原谅每个企业的掌舵者在这场变革中的有限智慧。

直到阿里巴巴旗下盒马鲜生的出现，才让我们看到这个问题较为合理的解决方案。或许是全新的品牌，或许是自带互联网基因，或许它就是我们未来新零售的鼻祖，无论如何，盒马鲜生的新零售模式都给传统企业向“互联网+”转型的道路提供了新基因。

作为新零售的始作俑者，盒马鲜生在门店组织结构上就与传统零售门店不同：“1+4”的打法，即1名店长、4名副店长（餐饮副店长、市场副店长、物流副店长、线上运营副店长）。“天生”的支付宝支付方式，造就了盒马鲜生的会员店模式，在集团或者区域分部，以会员运营部来主导整体的营销活动以及会员的管理，而门店只要做好基础运营工作，以及确保总部指令的落地执行即可。这样的组织结构划分明确了企业的定位——一个互联网企业，甚至可以说是一个数据化的企业，几乎不需要纠结企业是否要O2O（在线到离线/线上到线下），因为我们所看到的盒马鲜生的销售额将有大部分来自线上交易，即线下的线上化，线下的辅助化。

从以上组织结构的变化来看，从意识形态形成到落地执行过程的核心原动力在于企业上下高度的认同。门店的价值在发生转移或者更加聚焦，其功能有所收缩，需要达到的效果则更加显著。

（1）品牌与品质的认知。

（2）门店场景的互动。

（3）确定与消费者在物流方面的最近、最快的关系。因为线下的场景依然是培养品牌忠诚、会员忠诚以及用户完美体验的重要“战场”。

第二节 客户既是用户又是顾客

20 世纪 90 年代，以客户为中心的观点开始盛行，今天看来，对于商业而言，是具有革命性意义的。那时候的客户指的是到店里并与企业有价值交换的顾客。而现如今，客户的定义已远远超出了这个范畴，通俗地讲，决定商家买卖行为的已经不仅限于与商家有价值交换的顾客，也不仅限于到店的顾客。

所以，对于互联网时代下的客户，其定义显然不能局限于“全部消费者”。笔者认为，重新定义客户，是企业对新商业时代的认知，一个没有任何消费记录的用户，可能只是一名粉丝，这样的用户依然是企业的客户，可以分为活跃用户、种子用户、非活跃用户、僵尸用户等。对于有过交易的消费者，我们也需要将其区分来看，如纯线下交易的顾客、线上交易的顾客（纯线上或“线上 + 线下”交易）、线上活跃顾客、半睡顾客、睡眠顾客，等等。因此，如今的客户定义应为：客户=用户+顾客。而本书中所用到的“消费者”一词，主要是指所有有消费能力的自然人。

既然对客户的定义不同于传统客户管理中的定义，那么对客户的细分当然也发生了变化。众所周知，客户细分的目的是了解客户诉求和需求，从更丰富的角度识别客户，这样有利于更加有效地、精准地进行忠诚营销。所以，对于客户细分管理，我们需要从两个角度来考量：一是客户的需求；二是企业的利益。客户希望企业能够尽量满足其需求，提供个性化服务；而企业则希望在有限的资源配置中，为不同的客户提供有差异化的商品或服务，从而为企业创造最大的利益。

关于客户细分的方式也是众说纷纭，有人认为互联网新零售商业时代下的客户细分主要可从自然属性、购买属性、行为属性、互动属性、个性化属性等维度进行。细分的维度越丰富，对于客户的识别越准确，企业就越能为客户提供合适的营销策略。比如我们熟知的 RFM 模型（衡量客户价值及其创利能力的工具），即最近一次消费（Recency）、消费频率（Frequency）和消费金额（Monetary），用这样的三个维度可以将用户分为八类。这样分类的优点是企业能根据自身的商业模式找到临界值，静态地区分价值用户和一般用户。也有一些人认为，仅看消费行为就够了，可以将客户分为新客户、主力客户、瞌睡客户、半睡客户和沉睡客户，根据企业的商品购买周期来设定不同客户状态的时间，来加以定义。不同的企业在不同的阶段和有限的资源下采用的方法可以各有不同，笔者觉得可以相互借鉴，互为补充，这样能实现阶段性目标，为企业实现其终极目标服务。

对于客户细分，我们不妨先来看看最古老的分法。古希腊学者兼医生希波克拉底提出的“气质体液说”被后人与消费者对应起来，并将其划分为四类：胆汁质型消费者、多血质型消费者、黏液质型消费者、抑郁质型消费者，如表 2－1 所示。

表 2－1　根据“气质体液说”划分的四类消费者

类别	特质
胆汁质型消费者	表情外露，心直口快，挑选商品主要凭直觉，并未慎重考虑，不能接受购物过程中流程烦琐、低效的状况
多血质型消费者	热情开朗、外向，善于分享，颜值控，但注意力不专注，兴趣广泛，行为受感情影响较大
黏液质型消费者	优柔寡断，深思熟虑，小心谨慎且过于一丝不苟，有反复控，做出决定不是很容易
抑郁质型消费者	冷静、认真、慎重，善于控制自己的感情，有自己的判断，购物决策不容易受非商品本身的影响，如广告商标之类

资料来源：彭聃龄，《普通心理学》，北京师范大学出版社，2012。

而后又衍生出通过消费者性格划分消费者的方法，即节俭型消费者、保守型消费者、随意型消费者、习惯型消费者、慎重型消费者、挑剔型消费者、被动型消费者、外向友善型消费者、勇敢冒险型消费者、时尚导向型消费者等。从气质、性格等角度来划分消费者的情况来看，我们就不难了解，一场活动、一个商品、一种奖励是不能满足所有消费者需求的，不同的消费者由于气质不同，对事物的接受程度和参与热情都是大相径庭的。

记得在苹果公司 iPhone 系列手机刚刚上市的时候，大家对一部如此昂贵的手机如何推广充满疑问。苹果公司锁定的重要消费群体为广告公司和企业市场部人员，这是有一定道理的，因为这些人最能接受新鲜事物，他们愿意表达自己的时尚主张和成为时尚的代言人，比一般气质的人群更容易成为“尝鲜者”。企业一旦虏获了他们的芳心，那么品牌就找到了一群免费的代言人，为企业带来无比巨大的新品推广力量。所以，企业最喜欢多血质型消费者，而多血质型消费者更容易成为外向友善、勇敢冒险、时尚导向型消费者。也就是说，如果一个企业能找到更多这样特质的人群，再加上互联网的技术布局、工具和媒介，能想象得到那将会产生多么事半功倍的效果！本章末有一套关于气质测试测量的题目，读者朋友可以测试一下自己是什么类型的消费者。

传统上，从人口统计学的角度来划分消费者是一种比较常用的方法。现在有一些管理者认为这样的划分方法已经过时了，而笔者认为，以人口统计学为基础的消费者细分方法依然是很有意义的，消费者在性别、年龄和地域等方面的区别依然很大，只是我们需要在研究的方向上做一些调整。全球最大的客户忠诚度咨询管理公司之一 Loyalty One 对北美洲的 4500 名消费者做了一次调研，这次调研的主要目的是了解和识别四种不同年代的人群的消费习惯和行为偏好。

（1）Z 族群，年龄 4 ~21 岁，年收入 2 万 ~34 万美元。

（2）Y 族群，年龄 22 ~35 岁，年收入 3.5 万 ~4.9 万美元。

（3）X 族群，年龄 36 ~51 岁，年收入 5 万美元以上。

（4）Boom 族群，年龄 52 ~65 岁。

这样的调研对于中国市场来说依然有许多参考意义。

对于 Boom 族群的消费者，相比之下，他们是最富有的一个族群，但是他们的消费关注点基本上都在房地产和理财方面。在购物上，他们比其他所有的族群都更加看重购物的地理位置、能解决问题的店员和清晰明了的退货政策，他们的购物行为并不是以消遣为目的的。

Z 族群消费者又被称为数码一族，他们是在数码环境中长大的，虽然这个族群是最年轻的，年龄区间是 4 ~ 21 岁，但他们中的很多人是没有购买能力的，其中年龄比较大的人将离开父母去上大学，成为最初的消费者。这些人对品牌的忠诚度没有那么高，他们的消费趋向于与自己价值相吻合的品牌，并且对环保和公益类的品牌更加偏好。类似 YouTube 这样的视频网站对其购物影响是较大的。调查显示，在习惯使用优惠券或折扣券的消费者中，Boom 族群占 55%，而 Z 族群只占 46%。所以从这一点上来看，Z 族群消费者并不是特别喜欢使用优惠券。从购物习惯上看，如果他们还和父母住在一起，他们的购物行为受父母的影响还是比较大的。如果不与父母住在一起，他们的购物习惯受社交媒体的影响较大。另外，在价格敏感度上，Boom 族群中 64% 的消费者对价格敏感，而 Z 族群中只有 50% 的消费者对价格敏感。

X 族群消费者正处在人生的上升阶段，在消费结构上，他们的花费主要用于抚养小孩、偿还各种银行贷款以及再教育。因此，影响他们购物决策的往往是价格，这个族群更加喜欢优惠券和打折商品。研究表明，59% 的 X 族群消费者对价格更为敏感，36% 的 X 族群消费者非常喜欢网购，27% 的 X 族群消费者在遇到不好的消费体验时，会在互联网平台上表达自己的情绪。

Y 族群消费者属于千禧年的一代，他们喜欢购物，视购物为一种消遣。研究表明，有 45% 的 Y 族群消费者表示，购物是一种给自己放松的途径，比起其他族群的消费者，他们更加感性，他们对于品牌的认知和忠诚往往来自自己的父母，对自己喜欢的品牌，他们更加喜欢使用优惠券。他们对品牌的信任更多来源于朋友之间的口碑效应，而非互联网、电台或电视广告。而这类消费群体更乐于将购物的负面体验和自己的观点曝光于社交媒体中。

根据上述研究，我们得出了一些结论供读者参考。

（1）Y 族群消费者是一群较为感性的消费群体，敢于尝试新鲜产品，但同时，一套符合他们心意的会员等级制度，对使他们产生品牌忠诚较为有效。

（2）Boom 族群消费者是一群相对来说较理性的消费群体，在购物决策上，他们比较依赖自己的经验。他们爱逛商场，好的产品质量、简单而又高质量的服务，以及明确的退货机制能够赢得其心。传统的媒体更加容易被他们接受，同时他们也更加喜欢面对面的交流。

（3）关于智能手机 App 对消费者的购物影响力，受影响消费者占比为 41% 的 Z 族群排名第一，其次是占比为 38% 的

Y 族群，以及占比为 16% 的 Boom 族群。

（4）来自 Colloquy 的调研报告表明，48% 的 Boom 族群消费者钟爱客户忠诚度计划，而这一群体在 Y 族群消费者中占 70%。这两个族群的消费是能接受和参与客户忠诚度计划的。

以上是比较宏观的分法，从中可以看到企业在忠诚营销方面的战略定位。如果从企业本身来看客户细分的话，可有以下四种划分方法。

（1）按照自然属性划分：客户等级分法（最耳熟能详的是银卡、金卡、白金卡等），地址分法（可以根据消费者快递的邮编和地址来判断其身份），手机号段分法（可以根据手机号码前三位来判断是中国移动用户还是中国联通用户等），年龄分法（可分为 Z 族群、X 族群、Y 族群和 Boom 族群），性别、生日、星座和生肖等。

（2）按照互动属性划分：注册时间、最后登录时间、自媒体活跃程度、是否有点评、中差评次数、最后一次参与营销活动的时间、喜欢的接触方式、是否有意愿向自己的好友推荐企业产品或服务等。

（3）按照客户购买行为划分：所购商品、所购商品数量、订单数、客单价（总成交金额/购买次数）、笔单价（总成交金额/成交订单数量）、货单价（总成交金额/购买商品数量）、交易来源、首次下单时间、末次下单时间、首次付款时间、末次付款时间、下单时段、付款时段、退款次数、退款比例、退款商品等。

（4）按照个性化属性划分：促销敏感度、对商品服务的了解程度（小白型、专家型等）、消费偏好（特别商品、包装要求等）、消费者气质（这类信息可通过线下或线上问卷等方式来采集并分析判断归类）。

对客户的重新定义决定了企业要对客户细分进行重新思考，对于进行客户细分所需重要数据的获取，可以通过线上线下相互支援、相互补充和融合来实现。不同的类别又可以重新组合成新的类别，为忠诚营销所用。

第三节｜满意度就是忠诚度吗

曾有一本书《客户满意一钱不值，客户忠诚至尊无价》，其中写道："客户满意一钱不值，因为满意的客户依然购买其他企业的商品。对交易过程的每个环节都十分满意的客户也会因为一个更好的价格更换商家，而有时尽管客户对此商家的产品和服务不是绝对的满意，你却能一直锁定这个客户。"

下面我们来做一个游戏证明这个观点。大家分别在自己最近的 10 笔消费记录中找出消费的品牌和商品，在不止一次消费的商店或者网站上打钩，然后问问自己对它们是否都满意：有没有让你排队、店员是不是有不能马上领会你意图的时候、商店环境是不是干净、店员是否词不达意，虽然如此，你还是会在那里购物。所以说，我们是可以接受去自己不完全满意的地方购物的，而对真正让我们完全满意的地方，未必会产生很高的忠诚度。

传统观念认为，满足客户的正常需求并保证客户满意就能营造客户忠诚，由此我们总结了构成营销的“三部曲”：第一步，发现需求；第二步，满足需求并保证满意；第三步，营造客户忠诚。

但是，美国贝恩管理咨询公司的研究表明，对一个商家的产品和服务完全满意的客户中的40%会因为种种原因投向该商家竞争对手的怀抱。

满意度是一种衡量客户的期望和过去感受的指标，而忠诚度反映的是客户未来的购买行为和购买承诺。客户满意度调查反映了客户对过去购买经历的建议和想法，只能反映过去的行为，不能作为未来行为的可靠预测。而客户忠诚度可以预测客户最想买什么产品、什么时候买，并且预知企业能产生多少销售收入。不可否认的是，客户满意度是带来重复购买的重要因素，当客户满意度达到一定的高度时，会带来客户忠诚度的提高。客户忠诚度的建立是有一个最低的客户满意水平的，在这个满意水平以下，忠诚度明显下降。

据某国外电信运营商的统计数据，65%～85%的流失客户表示他们对原来的品牌是满意的。因此，运营商努力加大“跳网”成本来留住客户，这里的成本就是“客户转换成本”。

所以，在决定客户忠诚的客户满意、客户价值感知和客户转换成本中，客户转换成本所起到的作用占比更大。迈克·波特在 1980 年就提出“转换成本”（switching cost）的概念，指的是消费者从一个产品或服务的提供者转向另一个提供者时所产生的一次性成本。这种成本不仅是经济上的，也是时间、精力和情感上的，它是构成企业竞争壁垒的重要因素。客户如果从一个企业转向另个一企业，可能会损失大量的时间、精力、金钱和关系，那么即使他们对企业的服务不完全满意，也会三思而行。

转换成本可以分为三种类型：一是程序转换成本，针对时间、精力上的；二是财政转换成本，针对经济上的；三是情感转换成本，针对感情上的。所以，我们不难看出，走在客户忠诚度管理前列的酒店、航空等行业在提高用户转换成本上下足了功夫。这些行业的管理策略已经不仅限于提高以个性化设置等为主的程序转换成本和以积分折扣为主的财政转换成本，而是将重点放在情感转换成本上，因为情感转换成本比起程序和财政转换成本来说，更加难以被竞争对手模仿。酒店和航空公司在这方面是先行者，通过数据能了解到客户的喜好和习惯，这样可以为客户安排他们喜欢的服务。例如，酒店在对客户熟悉之后，能知道客户喜欢什么样的枕头，这样当客户再次光临的时候，酒店会为其准备喜爱的枕头，让客户割舍不了对该酒店品牌的忠诚，让他们每次都选择同一个品牌的酒店入住。当然，许多其他行业的企业也在打造自己的客户忠诚度计划，他们通过不同的方法找出自己的目标细分客户群体，通过控制他们对企业产品和服务的满意度，以及提高不同层面的转换成本，来制订客户忠诚计划，实现客户对企业忠诚的目的。

当前较为广泛的理解是将客户忠诚分为三种类型，即行为忠诚、意识忠诚和情感忠诚。行为忠诚是客户实际表现出来的重复购买行为，衡量的指标可以是重复购买次数。意识忠诚是在行为忠诚的基础上进一步来看客户在未来可能的购买意向，可理解为行为忠诚的客户是否能关注企业、对企业的咨询和营销活动的参与度。情感忠诚是客户对企业及其产品和服务的态度，包括客户积极向周围人士推荐企业的产品和服务等。我们可以通过互动属性来了解行为和意识忠诚的客户对企业的正面推荐。以汽车市场为例，这本身是一个购买频次不高的行业，对达到企业购买频次平均水平以上的客户，我们可以将其视为行为忠诚客户。在这些客户中，在自媒体如企业官网、微信服务号、App 中有互动的，并经常关注和参与企业营销活动的客户，即可被视为意识忠诚客户。如果在这些客户中，客户净推荐值（NPS）高的或者参与了会员邀请会员（member get member）活动的客户，可以被视为情感忠诚客户。在此基础上，麦肯锡忠诚度细分方法又将其扩展为六个类型，即感情型忠诚客户、惯性型忠诚客户、分析比较型忠诚客户、生活方式改变型下滑客户、分析比较型下滑客户和不满意型下滑客户。前三类可以被视为企业的忠诚客户，而后三类则是对企业忠诚度正在降低的客户，他们都正在或准备转向购买其他企业的产品或服务，如图 2 - 1 所示。

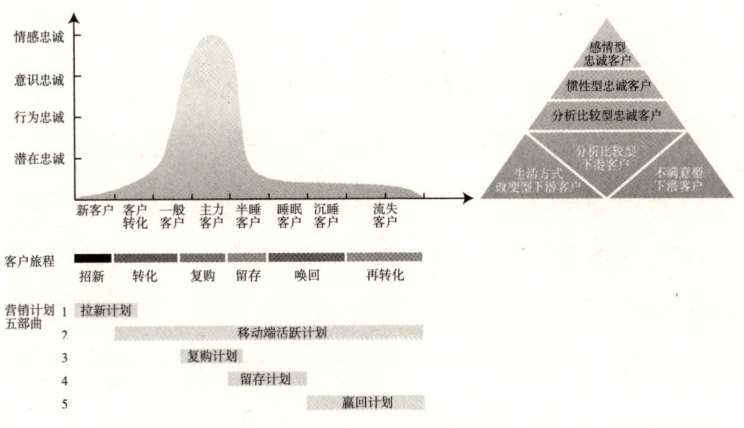

图 2 - 1　客户生命周期与客户忠诚类型模型图

第四节 | 有了 CRM 系统就有客户忠诚吗

客户关系管理（CRM）系统和客户忠诚度管理是一回事吗？有的人认为 CRM 系统就是客户忠诚度，有的人则认为完全不是一回事情。学术上确实有过争论，单从支持人数上来说，支持 CRM 系统的还是多数，这和忠诚度管理进入国内的时间和传播也有一定的关系。

客户关系管理是一个很大的课题，它已经远远超出了营销的范畴。CRM 系统策略有两大类型：其一，架构属性（structural CRM），企业将其加入运营中为客户提供更好的服务，为业务带来更大的价值；其二，有效属性（active CRM），利用对架构属性的战略投资来驱动销售，减少成本，改善客户体验。客户忠诚度就是有效属性的一部分。

市面上我们常常能看到的 CRM 系统产品的品牌有 Siebel、

SAP、Turbo、Salesforce、安客诚等，无论是多么昂贵的系统，CRM 系统策略是要靠数据驱动的。对于企业而言，一个客户忠诚度计划就是 CRM 系统策略的基础。例如，许多企业设计的会员俱乐部，让会员加入每个奖励计划中，鼓励在消费的时候识别会员，为 CRM 系统策略提供了高质量的、丰富的和近期的有效客户动态数据。很多 CRM 系统策略的失败都是将焦点放在 IT 上，对客户的关注度不够而造成的。根据调研公司 Forrester Research 发布的数据，CRM 系统的市场停滞在 2002 年，如今市场的需求量有相当程度的下滑，即便如此，我们还是听到很多商家说 CRM 系统有很大潜力改善客户服务。研究人员发现其中最大的问题是不切实际的预期导致了结果的幻灭。

而成功的企业，尤其是零售企业，往往是通过实用主义方式来一步一步建立自己的会员俱乐部，与客户打交道时，为客户做他们所需要的事情，避免做客户不需要的事情，改善并优化与客户接触的每一个触点，让客户开心。

建立 CRM 系统不是最终目的，企业不会因为有了一套系统或者一个体系就让客户签字画押，保证他们永远购买该企业的产品或服务。企业必须要始终致力于建立客户忠诚度，而这种努力是一个过程、一次永不间断的旅行。

忠诚度不是情绪，不是感受，也不是看法。客户忠诚度不完全依赖 CRM 系统或客户满意度。客户忠诚度是一项活动，是客户屡次购买，并鼓励家人和朋友购买的活动。

建立忠诚度就是一个持续不断地运用各种手段管理消费者行为的过程。CRM 系统本身不会产生这样的效果，这里并不是说 CRM 系统没有存在的必要，而是软件和机器不能取代人在客户忠诚度管理上起到根本的作用。

附录

气质测量

自测题

1. 做事力求稳妥，一般不做无把握的事。

2. 遇到生气的事情就怒不可遏，想把心里的话全说出来才痛快。

3. 宁可一个人做事，不愿很多人在一起。

4. 到一个新环境很快就适应。

5. 厌倦那些强烈的刺激，如尖叫、噪声、危险镜头等。

6. 和人争吵时，总是先发制人，喜欢挑剔别人。

7. 喜欢安静的环境。

8. 善于和人交往。

9. 羡慕那种善于克制自己感情的人。

10. 生活有规律，很少违反作息制度。

11. 在多数情况下情绪是乐观的。

12. 碰到陌生人觉得很拘谨。

13. 遇到令人气愤的事，能很好地自我克制。

14. 做事总是有旺盛的精力。

15. 遇到问题总是举棋不定、优柔寡断。

16. 在人群中从来不觉得过分拘束。

17. 情绪高涨时，觉得干什么都有趣；情绪低落时，又觉得什么都没有意思。

18. 当注意力集中于一个事物时，别的事很难使自己分心。

19. 理解问题总比别人快。

20. 碰到危险情景，常有一种极度恐怖感。

21. 对学习、工作，怀有很高的热情。

22. 能够很长时间做枯燥、单调的工作。

23. 符合兴趣的事情，干起来尽头十足；否则就不想干。

24. 一点小事就能引起情绪波动。

25. 讨厌做那种需要耐心、细致的工作。

26. 与人交往不卑不亢。

27. 喜欢参加热烈的活动。

28. 爱看感情细腻、描写人物内心活动的文学作品。

29. 工作时间长了，常感到厌倦。

30. 不喜欢长时间谈论一个问题，愿意实际动手干。

31. 宁愿侃侃而谈，不愿窃窃私语。

32. 别人总是说我闷闷不乐。

33. 理解问题常比别人慢些。

34. 疲倦时只要短暂的休息就能精神抖擞。

35. 心里有话宁愿自己想，不愿说出来。

36. 认准一个目标就希望尽快实现，不达目的，誓不罢休。

37. 学习、工作同样一段时间后，常比别人更疲倦。

38. 做事有些莽撞，常常不考虑后果。

39. 老师或他人讲授新知识、技术时，总希望他讲得慢一些。

40. 能够很快地忘记那些不愉快的事情。

41. 做作业或完成一件工作总比别人花的时间多。

42. 喜欢运动量大的剧烈体育运动，或者参加各种文艺活动。

43. 不能很快地把注意力从一件事转移到另一件事上去。

44. 接受一个任务后，就喜欢把它迅速解决。

45. 认为墨守成规比冒风险好。

46. 能够同时注意几件事情。

47. 当我烦闷的时候，别人很难使我高兴起来。

48. 爱看情节跌宕起伏、激动人心的小说。

49. 对工作抱认真严谨、始终一贯的态度。

50. 和周围人的关系总是相处不好。

51. 喜欢复习学过的知识，重复做能熟练做的工作。

52. 希望做变化大、花样多的工作。

53. 小时候会背的诗歌，似乎比别人记得清楚。

54. 别人说我“出语伤人”，可我并不觉得这样。

55. 在体育活动中，常因反应慢而落后。

56. 反应敏捷、头脑机智。

57. 喜欢有条理的工作。

58. 常为兴奋的事失眠。

59. 老师讲新概念，常常听不懂，但弄懂了以后很难忘记。

60. 假如工作枯燥无味，马上就会情绪低落。

上面60道题目，根据自己的情况进行打分并将分数填到下表中。

（1）非常符合自己的情况，2分。

（2）比较符合自己的情况，1分。

（3）介于符合和不符合之间，0分。

（4）比较不符合自己的情况，-1分。

（5）完全不符合自己的情况，-2分。

气质测量结果表

胆汁质	题号	2	6	9	14	17	21	27	31	36	38	42	48	50	54	58	总分
	得分																
多血质	题号	4	8	11	16	19	23	25	29	34	40	44	46	52	56	60	总分
	得分																
黏液质	题号	1	7	10	13	18	22	26	30	33	39	43	45	49	55	57	总分
	得分																
抑郁质	题号	3	5	12	15	20	24	28	32	35	37	41	47	51	53	59	总分
	得分																

资料来源：马建青：《辅导人生——心理咨询学》，山东教育出版社 1992 年版。

思维

02

第二部分

第三章 | 重新定位用户忠诚

这是一个复杂多变的时代。对于一些实体行业来说，其在向互联网新零售转型的道路上的心理历程是复杂的，一方面，这些实体行业的惯性思维使企业很难摸透和看清互联网的新零售理论；另一方面，企业抱着试试看的态度，在本行业舒适的环境和保护下“艰难地生存着”。企业如若不彻底地走出传统的思维模式，将面临被弯道超车，或被时代淘汰的困局。

第一节 | 互联网颠覆传统行业的本质

互联网之所以能颠覆许多的传统行业，是因为其本质是连接、互动和联网。

一、连接

连接就是在线，一个企业的业务关键流程有多少被在线化，标志着这个企业互联网化水平的高低，也决定着企业的生存和发展空间。例如，以前的出租车行业是司机在路上找乘客，乘客在路边等车，或者是乘客拨打服务电话预约，便利性差，且成本高。现在我们只需要打开约车软件，自动识别自己的位置，填写好要去的地址，附近的司机就会在指定的时间内来到我们的身边，服务结束时可以直接移动支付，并可以对司机的服务进行点评。这就是连接，这就是在线，它就像一把钥匙，打开了通往数据时代的大门。这样的在线不仅让出租车行业感到恐惧，也让类似的传统行业感到惧怕，它逼迫着传统企业改变管理思维，进行变革。

二、互动

互动让连接和在线变得更加有意义，互动让“以用户为中心”不再是一句空话，让企业具备了一切以用户为中心的能力。连接给互动提供了技术的可能。当约车服务结束后，司机和乘客相互点评从而产生了互动。互动是用户体验的重要环节，而用户体验又是整个互联网时代下“以用户为中心”的重要支点。看似简单的互动，其本质是让以消费者为主导驱动企业对其产品和服务的更新换代变为可能，换句话说，互动驱动着企业决策。

三、联网

从点的出发，走向链，最后走向网的过程，即从传统的、线性的、控制的供应链模型走向协同网络的过程。这是阿里巴巴总参谋长曾鸣对互联网的描述。当节点与节点开始链接、延展、交融，或者节点与平台对接的过程中产生数据的分享和聚合，网就出现了。

互联网的本质就是传统产业的在线化和数据化。只有在线化了才有流动的数据，而这些以人为核心的数据就可以被随时调用、分析和使用。传统行业信息化被如今的互联网数据化所取代，那么，面对如此巨大的变化，用户忠诚管理的思维也在同步更新。

这个时代是客户忠诚管理的黄金时代。在最早的以产品为核心的4P（是指产品、价格、渠道、促销4大营销组合策略）时代，企业只知道每天的订单量，但无法知道这些订单的来源，是谁创造了这些订单。到了以客户为中心的4R（具体指联系、反应、关系、回报4个全新的营销要素）时代，企业开始了自己的信息化建设，开始为消费者创建个人资料和会员卡，这样就可以将会员卡中的基本信息和消费数据结合起来，从此，企业知道了每天的订单量是由哪些会员创造的，企业可以通过一些粗放的营销活动来影响客户的消费频次和消费单价，并且能大概预测出消费者的消费情况。而如今，在互联网新零售时代下，企业通过互联网，不但可以知道每天的订单是谁创造的，也可以知道在这些订单中有多少订单的创造者是企业忠实的粉丝，他们可以带动更多的粉丝成为消费者，同时还可以知道消费者在每一单消费后的感受，这有利于企业优化其产品或服务。此外，企业通过数据的分析能了解有多少用户浏览过其产品或服务，又是因为什么没有成为消费者，企业可以对自己的用户有一个较全面的了解和细分，让营销活动变得更加个性化，为用户带来史无前例的用户体验，创造用户忠诚度并为企业带来价值。例如，以前来线下门店逛了一圈就离开的客户，企业是抓不住的；但是现在，只要是在互联网上留下浏览痕迹的用户，企业在设计忠诚度营销计划的时候也可以将其区别对待了。我们将这个时代称为用户忠诚管理的 MHAD 时代，即移动化（Mobility）、人性化（Humanized）、联盟化（Alliance）、数据化（Datamation）。

第二节｜互联网新零售时代下的用户忠诚管理

互联网新零售时代下的用户忠诚管理可以被称为用户忠诚管理的 MHAD 时代，即移动化（Mobility）、人性化（Humanized）、联盟化（Alliance）、数据化（Datamation）。

一、移动化

根据 2016 年的数据，全国智能手机的保有量超过 6 亿，我们的生活已经离不开手机。在支付方面，无论是购买机票，还是超市购物，甚至是在菜市场买菜，移动支付已替代了我们的钱包。在社交和沟通方面，人们使用手机分享自己的日常心情与感受。我们可以通过社交网络让更多的人认识自己，也让自己的生活变得透明和可分享，移动社交让我们的生活变得更加立体。在购物和服务体验方面，我们可以随时随地浏览、购买自己感兴趣的产品，吃饭、看电影、旅游、购买及保养汽车都可以通过手机实现，此外，手机定位、导航等其他功能，也是想你所想，无所不能。智能手机中的各种应用，让我们的生活变得更加便捷。

客户是在移动中与企业进行交互的，这样的场景正在潜移默化地推动着企业客户忠诚管理的移动化。在注册、奖励、忠诚营销活动、沟通、体系展示、个人权益等客户管理的关键环节上，移动化使客户的体验更好，而企业又能通过移动化来了解自己的客户。

移动化既是传统行业转型拥抱互联网的天赐良机，同时也是客户忠诚管理的“魔法手套”。虽然电商企业在互联网上已经拥有了大量的用户，但是我们也不要忘记，传统电商行业获取一个活跃用户的高额代价。对于线上、线下结合的新互联网时代下的企业而言，实体门店变得更加重要。企业不应该错误地去削弱其实体店的功能，而是要通过线下实体门店招募用户的线上转化，体现出一种新模式下的新优势。

（1）高效性。利用线下门店招募会员，只要店员一句亲切的问候和有重点的推荐，大多数客户都能关注门店的微信并进行注册。这是人与人之间互动的优势，有温度的服务是很难让人拒绝的，而人机的对话在这方面要弱得多。

（2）真实性。由于线下门店直接面对真实的顾客，这样获取的客户信息的真实性要远高于电商。真实性保证了客户数据的有效利用，同时也为之后的客户忠诚管理带来了质量的保证。

（3）低成本性。传统电商企业获取一个客户的成本高达上百元甚至更高，而传统企业花上几十元就能获取一个真实的新客户，相比之下成本更低、效率更高。

（4）闭环性。实体店的移动化实现了交易和营销活动的闭环。从经营粉丝、用户转换为消费者，再变成能帮助企业传播的客户，这个过程都是可以被记录下来的。营销活动也是如此，从企业设计营销活动起，就可以开始和用户进行交互，从营销活动的传播到执行，再到最后的活动效果的鉴别，都可以通过移动化闭环实现。

二、人性化

在互联网时代来临之前，中国消费者受传统儒家文化影响，绝大部分表现出来的往往是谦逊、安分和文雅。他们在消费的过程中特别能体谅商家，哪怕面对极度恶劣的体验，依然能够忍受或者接受。例如，在 4S 店，商家和消费者的信息不对称，或者说是店大欺客，让消费者在购买汽车的时候体验较差。就拿车主权益来说，很多汽车品牌设计的福利在下发到4S店后就“扭曲变形”，甚至强制搭配保险或保养服务，消费者在信息不对称的交易中体验到的服务是不人性化的，究其原因，一来是商家摸透了消费者的“能耐”，就算产生纠纷也不能掀起什么波澜；二来是消费者也苦于没有很好的途径来发泄内心的情绪，最后的选择只能是息事宁人。

互联网时代让消费者从禁锢的思想中解脱出来，人们开始变得更加敢于表达，表达一直都是人的天性，互联网又恰恰为敢于表达的人提供了平台。消费者可以在互联网上表达其在消费过程中遇到的不好的体验，并且通过社交媒体曝光。这样一来，企业很多的表格、流程、节点、制度都面临挑战，凡是在消费过程中交互设计不够人性化的地方都有可能变成一把刺向企业的利剑，如果引起了“民愤”，还有可能对企业造成致命的打击。

人性化是商业领域中用户忠诚管理的基石。用户忠诚奖励计划是企业建立和维系用户忠诚的重要工具，那么在设计时就需要充分考虑人性化。虽然游戏化也是重要的一方面，但是一个不那么人性化的游戏化的用户忠诚奖励计划也将会被诟病。符合人性化的游戏机制在用户忠诚奖励计划中的运用具备以下特点。

（1）目标明确。目标就如同游戏中的使命一般，使消费者愿意为此花费时间并产生内在动力。就像许多健康类的 App 为用户设置一个目标，显示完成目标的规定时间以及所剩有效时间、完成目标后的奖励、目标相同的伙伴的完成情况及已经完成目标的伙伴。

（2）反馈及时。像收到新邮件的弹窗提醒、好友上线提醒一样，在消费者进入一个设计好的游戏化忠诚奖励计划中时，及时反馈可以驱动消费者的正确行为。例如，在游戏中采用获得更多积分、重新开始游戏来和玩家进行交互，可以让玩家很容易和品牌形成互动，从而让玩家参与到下一个环节中。

（3）高透明度。在游戏化的设计中，透明度就是一种可量化的表现方式。通过全网数据化的跟踪和计算，了解游戏中每个玩家的现在和历史成绩，并且能做横向和纵向的比较。这种透明度的特性成为用户体验的一个重要的部分。

（4）诱人奖励。奖励一直都是驱使人改变行为的一种有效手段，奖励的方式可以是常常用到的现金或者等同于现金的回馈，可以是赞誉和赏识，可以是具有特权属性的奖励，也可以是赋予参与者给予他人的能力。

人性化在用户角度的具体表现就是用户体验，能和用户产生交互的部分我们都可以把其列为用户体验的范畴，无论是人与人之间的，人与机器之间的，或是人与物之间的，如可以接触到的各类物料以及电话、音乐、色彩等。服务的人性化越高，用户体验就会越佳，能获得的用户黏性就越大。所谓的用户体验就是为消费者带来可达到或超出其预期的体验。这种体验能深入人心，让用户有真正的愉悦感，从而带来情感上的认同，同时产生口碑。人性化的视角最奇妙之处就是无论企业如何在广告上花钱，都解决不了体验的问题。这种人性化的体验是用户的感受，用户是吐槽还是称赞，都不是能由企业决定的。高速发展时期，人口红利让传统行业的企业在与顾客交易之后就顾不得顾客还会不会再来了；而如今，无论是付了钱的还是没付钱的用户，都是用户体验之旅的一部分，企业要做的是让用户通过产品和服务，感知企业的存在，更重要的是让用户感受到企业为此所精心设计的有温度的人性化体验。

三、联盟化

任何一个独立品牌的忠诚度计划（single brand loyalty program）到最后都会想往联盟式的忠诚度（coalition loyalty program）转型，这就像一个人在学做咖啡做到人人喜欢后，就有冲动想开一家咖啡店一样。例如，加拿大航空的常旅客计划最后成为全球知名的 Aeroplan 计划，英国的 Sainsbury's 超市的会员计划最后发展成著名的 Nectar 计划。本书中的联盟化并非联盟式的客户忠诚度计划，因为那是另外一个课题，是另外一种商业模式。这里的联盟化指的是在互联网新零售时代下，企业越来越懂得只有抱着开放的心态，寻求交叉合作和商家联盟，才有可能更好地创造用户忠诚。

联盟是两个或者两个以上独立的企业，在一定时期内为了满足双方或多方共同的利益而形成的一个合作组织。这样的组织具有一定的排他性，至少应该是阶段性排他（领先期），才能真正发挥联盟的价值，或者能让这个价值帮助参与者获得双赢或多赢的效果，从而变得持续长久。在现实的商业环境中，我们能看到的联盟的表现形式大多为短暂型、松散型、随意型，企业在合作的过程中往往忘记了联盟的本质。互联网时代为联盟创造了技术条件，能通过技术的手段让两个或两个以上的独立企业形成闭环，从而较为容易地量化联盟的效果。在设计和考虑寻找联盟伙伴的时候，有以下两种常见的模式。

（1）强关联模式。当消费者买了一辆车后，与之强关联的企业是保险公司、4S 店或快修快保的 2S 店、汽车美容公司、汽车改装公司、道路救援公司、违章查询代办公司、代验车公司、二手车公司、加油站，除此之外还有机油品牌、轮胎品牌企业，等等。在寻找这些联盟合作伙伴的时候，我们很容易检视用户在某个领域的全生命周期，或者在泛生态的范畴内寻找。再比如，商旅泛生态圈的联盟有航空、酒店、度假、租车、接送机服务、代泊车服务等，也是能形成强关联模式的合作联盟。如果能有效地促成强关联的企业间的合作，那么这样的联盟从某种意义上来说是具备高价值回报的，随之而来的是客户在这样的联盟中享受到更加人性化和优惠的产品及服务，获得超出预期的奖励，而企业在这个过程中能锁定客户价值，为具有忠诚度的客户设计更多忠诚营销活动，同时也为企业带来持续长久的利润来源。

（2）隐形关联模式。隐形关联更加依赖大数据等技术手段得出结论。在一次对某汽车品牌客户数据与淘宝数据的比对中发现，在购车前和购车后，消费者在消费结构上发生了较大的变化，购车后的消费者购买奶粉的占比明显增加，同时在旅游类的消费上也有很明显的变化。这样就能通过大数据了解企业的客户与亲子类的产品和服务是有关联性的。如果在忠诚营销的过程中运用了隐形关联，会改善客户的体验，提高其对品牌的忠诚度。

四、数据化

如今，数据化已经不仅限于获得客户的家庭住址、消费记录等结构化数据。互联网时代下的数据源头的多样性和数据的广泛性创造出大量的非结构化数据，这些数据已经不像结构化数据那样能做批量的处理。过去，企业通过将企业内的结构化数据标签与外部购买的市场信息相结合的方式来推测客户的兴趣爱好，预估消费行为；而在互联网时代下，可以运用的非结构化数据更加丰富，这是客户忠诚度管理的升级。有了大数据，企业对客户的洞察变得更加清晰。为什么这么说？因为成千上万人的数据比我们从消费者那里得到的信息更加可靠，无论是在产品设计、客户沟通、奖励形式还是营销策略上，以往依照主观判断的方式方法已经过时了，因为比起个人的感觉，数千万人的数据更加可信。

企业可以通过大数据来针对不同类型的客户发放不同的电子优惠券，这里列举两个案例。一个是日本麦当劳。在 2011 年，日本麦当劳就开始使用会员制，会员数突破了 2600 万人，日本麦当劳积累了顾客的购买记录数据，可以根据每位顾客的购买记录，实现优惠券发放的细分：对于周六、周日频繁购买咖啡的顾客，发送周末免费兑换咖啡优惠券；对于一段时间没有光顾的顾客，发送其过去经常购买的汉堡等产品的折扣券；对于光顾频率高，但没有购买过新品的顾客，发送新品汉堡大幅折扣券；对于经常购买汉堡套餐的顾客，发送小食打折券。

另一个是汽车后市场行业，可以通过聚合分析方法找到车主在不同类型商品上的购买转换路径，从而通过客频、客单等主要指标将用户分群，然后再根据购买路径分析，针对不同群体的客户发放不同的优惠券。这样的效果也是不错的。

下面就来介绍几种常用的数据收集方式和分析方法。

（1）聚类分析。聚类分析方法是最常用的一种分析手段，就是将不同类型的对象分成各个小组，从而使得同一组中的对象彼此之间更为相似。前面所提到的案例中，对车主在汽车后市场的消费路径的分析就是采用聚类分析的方法。

（2）情感分析。这是一种较为软性的分析方法，是通过非结构化的通信信息流来尝试找出客户、员工和合作伙伴对于某个主题、产品或其他被分析的项目所持的观点和情绪。这种分析是先从简单的关键词定位开始，通过碎语分析器尝试从信息中识别对一款产品或活动的情感。这些技术能够检测出信息流中包含的情感类型，即积极、消极或是中性。这种方法也可以被扩展到兴趣方面。Facebook 就用这样的方式，将其用户贴上了 300 多万个标签。

（3）定群分析。定群分析指的是对在某段时间内有着某种共同特性的人群所进行的分析。将用户分割成不同的群组，并从商业的角度来比较各组之间不同的价值。这种方法在最优质用户（the best customer）分析上使用得较为广泛。在汽车后市场，因为快修店开店时间不同，对于最有价值用户的分析也不能“一刀切”，可以选择开店时间在一个期间的店的用户数据分组进行分析，从而找出价值用户的共同特征，然后再将其共同特征放大到所有用户群体中来筛选具有相同特征的用户群体。

毫无疑问，在互联网时代，数据化是用户忠诚度管理的基础，让企业获得了在任何一个时代都没有的洞悉用户的能力。

第四章 | 以用户为中心，一切从人开始

第一节 | 我想要……

满足消费者需求从来都是企业关心的大事，但是复杂的消费者需求又总是让企业捉摸不定，给企业带来了许多的困惑，同时也给用户忠诚度管理披上了一层神秘的面纱。

提到需求，我们不得不从马斯洛理论开始说起。马斯洛认为，人类的需求是有层次的，人们总是先满足最迫切的需求，然后再满足那些次要的需求。这些需求按其重要程度可分为生存需求、安全需求、社会需求、尊重需求和自我实现需求。这个理论被广泛运用。我们把这个理论放到整个经济发展的长河中来看，会发现，如果以互联网经济的出现作为一个节点，可以分为传统经济时代和体验经济时代。

相信大家还记得诺基亚这个品牌吧，它给我的第一印象就是耐摔。曾经，我的一位同事不慎将诺基亚手机从 3 楼掉下

去，手机居然没有大碍还能继续使用。后来，我通过各种媒体了解到，原来诺基亚公司把产品抗摔性放在一个非常重要的位置。如今，人们虽然还是担心手机被磕碰划伤，但依然选择使用又大又方便的触摸屏智能手机。为什么？是我们不在乎手机被摔坏了吗？我看不见得，每次我的手机屏幕被摔坏，我的心里也是一阵小痛，但是很快就会恢复。我们再也不用翻查一层层的菜单栏寻找我们想要的东西，我们只需要用手指轻轻一划，就能很快找到我们想要的功能，当然这只是我们最直接的感受。但是原因还远不止这些，我们发现，这个时代消费者的消费观念发生了变化。如今的消费者消费的是一种体验，我们可以说消费者是在购买乐趣、知识、高颜值的体验，同时又想躲避现实社会中的嘈杂，给自己一个第三空间的宁静世界，可以说，消费是一种享受愉悦和自我实现的过程。

纵看中华大地文化艺术和美学的变迁，其中也折射出消费美学的一般规律。魏晋南北朝的艺术突出的是人的风神和思辨；盛唐时期的审美情趣是时空和自我的对话，是荣誉和英雄主义；晚唐至北宋时期突出的是人的心境和意绪，人们追求内心的满足和表达。单从审美而言，人们开始追求生活的极致和内心的满足，取舍之间，是要与不要的内心遵从。

不同的时代背景，产生了不同的审美取向和发展轨迹。改革开放40余年，中国人的消费美学发生了什么变化？从马路上的“清一色”、全民听着邓丽君的纯真年代，到物质丰富、对新鲜事物充满好奇和占有欲的物质年代，再到追求自我、内心满足的精神时代，体现了人们从“有没有”，到“好不好”，最终回归内心的“要不要”的消费美学轨迹。

我们已经从“有没有”的时代，来到了一个“好不好”的时代，如今正在向“要不要”的时代过渡，消费者更加尊重自己，也更加在意整个消费过程中的体验。

体验时代的来临经过了产品时代、商品时代、服务时代。有着锐利眼光的消费者厌倦了某些传统行业的低质产品、商品或者服务，更加愿意将钱花在注重消费者体验的创新品牌上。其根本在于前者创造的客户价值是“产品功能+渠道”，而后者是“产品功能+体验”带来的“满足和乐趣+客户忠诚”。

因此，这里所要讲述的并非产品需求或者商品需求，而是客户体验之服务需求。卓越的客户体验能带来客户忠诚，这已经是一个不争的事实，乔布斯的苹果、田中一光的无印良品、雷军的小米、周鸿祎的360等都是体验经济时代的典范。那么，如何来理解和看待用户需求？通常，调研客户需求的方法有观察法、焦点小组访谈法、调查法、行为资料分析法和实验法。这些方法许多企业或多或少都使用过，但是往往在调研完客户需求后会发现如下几个问题。

（1）客户无法表达自己意识不到的问题。

（2）客户说的都是解决方案，不具备设计权衡和取舍。

（3）客户不会对自己的言论负责，会说一套做一套。

（4）客户一般不会对未出现的东西进行评价。

（5）客户表达出来的需求，其实你都知道。

相信许多在从事客户需求收集和整理的同人都会碰到以上的问题，所以需求是有显性和隐形之分的，要想充分地了解客户需求，我们需要进行客户洞察，应该搞清楚三件事：谁是客户？客户想要什么？如何购买？

谁是客户？这个看似简单的问题关联到的内容其实不仅是消费者，还包括购买决策中的客户、现有的客户和未来的客户，以及直接和间接的客户。有一个案例，在汽车后市场，一个企业通过数据发现一个账户下有好几辆车，而且没过多久就会有不同车辆的保养记录，但该账户又非大客户账户，企业通过实地调研了解到，这个账户的拥有者是一家公司的司机，由于跟同事关系好，很多的同事将自己的车交给他来进行保养，这些车辆都归他管理，车主并没有和该企业签订协议，因此，车主也就成为该企业的间接客户。

客户想要什么？这包含了产品的特征属性、价值类型以及超越利益价值的体验。

客户如何购买？我们需要从客户购买路径的前、中、后三个阶段来了解客户的需求。

第一，在客户下定决心购买之前，作为一个体验者，客户需要从不同的渠道获得不同的信息来判断是否需要进行消费，这个过程看上去很简单，但有的时候可能连消费者自己都不一定能了解自己的需求。消费者在下定决心之前，获得有用的信息来做出购买决定是一个稳定而且可预测的需求，但是不同的消费者获取信息的方式不同，有的厌恶接到推销电话，有的还是习惯于传统的纸质媒介，而有的只喜欢接受呈现在移动端的App中的信息。对于信息的基本需求是体验中的关键点，通过什么样的介质传递信息变得更加重要。

第二，在开始购买时，信息的多少有的时候也未必能决定消费者是否购买，消费者有时需要与服务提供商或者素未谋面的使用者进行互动，因为别人的评价和对商品或者服务的使用感受可以成为自己做决定的一个依据。无论是简单的互动还是复杂的互动，都可以使服务提供商和客户建立起联系。这种联系可能留在客户关系管理的系统里，也可能留在服务者的记忆里，这样，服务提供商才有机会为客户提供更加精准的、符合客户特定需求的服务。

第三，最后的支付环节是一个重要的环节。显然，对于服务提供者而言，这个环节的操作越简单才越有机会成交；如果是烦琐的，在交易流程的最后变得困难重重，往往会导致客户的流失。客户期望交易变得简单，从交易的角度关注客户的需求，不仅能改善客户体验，而且能降低服务成本。

我们可以发现，如今的消费者拥有共性的特征，或者说是在购物过程中的体验需求。如果商家还没感受到的话，消费者正拿着扩音器这样告诉商家："我要马上、立刻，我要最好的，我要参与，我要在我需要的时候被服务。"

第二节 是不是这样的夜晚，你才会这样的想起我

《是不是这样的夜晚　你才会这样的想起我》这是中国台湾主持人吴宗宪在 1987 年录制的同名专辑中的主打歌曲，这首歌是吴宗宪演艺道路的起点。歌中如此唱道：“只有几句小心的彼此问候，系着两端的猜测，是这样的夜晚想起我……”很多商家往往等到消费者快要成为或已经成为流失用户的时候才想起他们，结果只能是像歌中唱出的那样无奈而又不舍，这些用户对于品牌而言其实已经无法挽回了。

通常我们只讨论消费者生命周期，即消费者从成为“粉丝”到最后成为流失用户的过程。而从全面的角度来看，至少有四种类型的周期需要被关注，即人类生命周期、消费者生命周期、客户生命周期和使用者生命周期。生命周期是企业由外而内地了解自身的一种途径。如果能很好地运用生命周期中

的共同行为模式，研究好不同层面上的人类行为，将有利于企业的用户忠诚度管理。

（1）人类生命周期，是指从孩童到死亡的人生阶段，其中有几个主要节点：童年、求学、就业、为人父母、退休。人类生命周期对于企业在创新中发现和满足隐藏的需求有很重要的作用。例如，在大健康的泛生态圈中，从初为人母的咨询教育、婴儿用品市场，到用药就医以及医前诊断、体检，再到养老地产与养老机构等，都是人类生命周期在健康领域的应用；在汽车行业，从求学阶段人生的第一辆车、大学生金融购车计划，到进入就业阶段后满足置换升级需求的 SUV 车型、进入家庭阶段后满足对车的空间和安全性需求的 MPV 车型，再到中产阶段满足社会认同需求的豪华轿车、退休后因向往田园生活而对皮卡或 SUV 车型的需求，这些都是基于对人类生命周期共性特征的需求逻辑的普遍共识假设的。

（2）消费者生命周期，是指消费者在有明确需求的情况下，可以通过多种方式来满足需求。例如，如果打算去旅行，消费者可以先通过各种平台来为自己的计划做准备，然后开始预定行程（预订可能在一个平台上或者在不同的平台上完成），接着将会开始购置旅行时必备的物品，进行相应的准备，去往目的地、到达酒店，尽量实现之前计划中的项目，最后是返程，直到下一次的旅行计划开始，形成一个完整的消费者生命周期。当企业对各个场景有了清楚的认识后，消费者就能得到精准的服务。

（3）客户生命周期。在忠诚度管理中，这部分的价值非常大。客户生命周期要了解的是客户如何获取商品信息、如何思考、如何决定购买、使用的效果、为何改变，以及遇到了什么样的偶发事件最后离开的全过程。

客户可能是花钱的人，而非使用者，了解客户生命周期有利于了解应该迎合谁、怎样提供适当的服务。家庭是一个很好的例子，就像许多情况下，一个家庭成员完成的交易，如保险、汽车、机票之类，使用者并不一定就是交易者本人。

（4）使用者生命周期。这个周期可以形象地展示使用者与企业互动的过程，以及他们如何跨渠道转换（从线上到呼叫中心，再到面对面的沟通渠道转换）。使用者生命周期强调客户需求与系统能力之间的差距，能够为企业提供缩小这个差距的信息，从而帮助企业降低成本、提高效率。

了解了这四类生命周期后，如何在消费者即将离开之前采取行动，从而减少用户流失才是关键，而这需要企业具备几种能力。首先要能比较了解消费者的消费周期，或者能比较准确合理地定义消费者的消费周期；其次要能区分在即将流失阶段消费者的沉睡原因；最后要有准确的、差异化的营销能力来唤醒沉睡的消费者，这样就不会等到消费者要流失时才想起来打个电话，或者只能承受无法挽回的无奈。

我们从消费者的消费周期出发，可以将用户进行较为详细的划分。CLV（消费者全生命周期价值）展现了新用户或粉丝从成为消费者、主力消费者，到半梦半醒，再到成为沉睡的消费者，最后到流失的过程。在这个过程中，犹如水滴一般，消费者最终的“流走”成为不变的规律，而作为商家需要考虑的就是如何让这个过程变得更慢，让消费者的主力消费阶段停留的时间更长，把沉睡的消费者唤醒使其再回到主力消费人群中，尽量减少消费者流失的可能，也就是我们在用户忠诚度管理中所说的四件事，即招募、留存、唤醒和挽回。关于这四个部分，将在后续的章节中详细地介绍。

第三节 | 从消费者决策再看消费者

消费者的决策离不开信息的传播，传播的发展经历了四个阶段：最早的文字文明时代、印刷术兴起、大众媒体时代、去中心化的互联网时代。文字出现后，人类开始可以通过文字将知识和信息进行传播，印刷术的兴起让传播变得更加广泛。但是这些对我们来说都过于遥远，在这一章中，我们重点是要研究大众媒体时代和数字化时代下的消费者决策路径有什么不同。

在大众媒体时代，有一个经典的消费者决策路径，那就是“兴趣—信息—决策—行动—分享”，一个递进的五个阶段关系。在这个时代里，大量的企业向消费者反复灌输品牌创意和品牌信息成为大众媒体上的主流传播方式，消费者大部分是被动地接受，因而出现很多“奇葩”但很有效的“作品”，例如

“收礼只收脑白金”的广告等。在数字化的今天，大众媒体和数字化媒介多元化并存，我们既能看到线上化的大众媒体，又能看到去中心化的在线传播媒介。企业所面临的较为突出的挑战是消费者决策路径的改变，如果企业不能很好地了解这一挑战，势必将对未来的发展造成不利的影响，结果是很可怕的。

总体来说，消费者的策略路径有六个方面的变化，如图4－1所示。

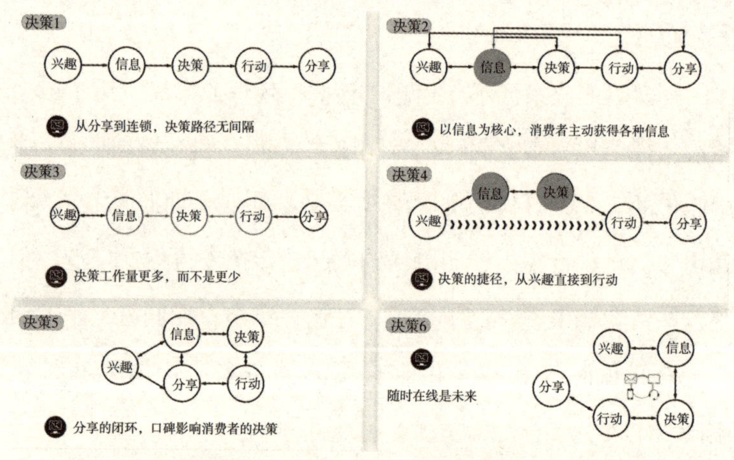

图4－1　消费者决策路径分析图

资料来源：百度营销研究院《数字时代消费者决策路径的变化》。

（1）决策路径的无间隔。消费者从信息的获取到瞬间决策，再到购买可以做到无间隔。这是数字化时代给消费者带来的快感，也给企业带来巨大的挑战。现在的消费者最不愿意做的事情就是等待，哪怕多等 3 秒钟都不愿意。所以在这样的消费决策无间隔的时代，要找准用户群体，精准地投放广告，利用数字化形式，如二维码、H5 的链接，为产生兴趣下单的消费者建立一条无比通畅的消费体验通道。

（2）消费者可主动获取信息。过去的信息都被主流媒体所拥有，消费者在接受信息时是被动的，或者说信息是不对称、不透明的；而如今，大部分的信息是公开的，消费者可以在产生兴趣时去网上查找相关信息，这些信息包含了如评价、说明、使用报告等。消费者从被动地接受信息变为主动获取信息。企业开始重新考虑媒介的定位和策略，同时也在重新定义消费者与品牌的关系：如何做好体验，如何更好地服务现有的客户。

（3）消费者决策效率下降。信息量的增加反而给消费者带来了决策上的困难，以前只有几个牌子，而现在的品牌越来越个性化、小众化，消费者可选择的品牌的范围增加了，而且替代品也层出不穷，加之互联网的无处不在，使得大量的信息扑面而来，消费者要在众多的商品信息中进行过滤和做决策，其实不是一件容易的事情。尤其对网龄较低的消费者而言，决策能力下降是必然的。据了解，“航母级”的互联网消费者一天有将近两小时是在浏览并关注各类平台和各类品牌信息，而这并不代表“航母级”的消费者会在这段时间内做出购买决策。

（4）从兴趣直接到行动的便捷决策。现在的商家经常会通过一些好的IP内容和推广来触动消费者的购买欲望，并且转换成交易。这样的场景也经常出现在笔者本人的购物决策中。例如有一次，在一次讲座中，我听到老师在谈及某本书中的信息和内容，很感兴趣，不自觉地拿起身边的手机立刻下单。这样的场景相信也同样发生在许多消费者的购物决策中，这在20世纪时简直是一件极为疯狂的事情——所有的“商店”每天“营业”24小时、全年无休，并且消费者在任何时间、任何地点从产生兴趣到直接购买的过程只需几秒钟。

（5）分享形成闭环。品牌口碑是影响消费者决策的一个重要因素。互动，或者说参与，成为当今消费者的重要行为特征之一。过去由于人口红利，精耕细作的商家反倒不一定是那个时代的赢家；但是在今天这样信息透明的时代，还在幻想着人口红利，强渠道、轻体验的品牌可能麻烦就大了，因为卖得越多，可能产生的差评就会越多。然而，那些精耕细作的商家如果能很好地利用互联网分享闭环的特点，将会大大节约营销成本，这也无形中成为其获胜的法宝。

（6）随时在线。我们再来回顾一下这个过程：从兴趣、信息、决策、行动到分享，是不是能感觉到一股暗流在涌动？因为在今天，消费者随时随地地在线使得这些环节都有可能直接导致消费者做出购买决策。例如，消费者的需求随时可以被兴趣点燃；碎片化的查询和信息被消费者充分收集；LBS（基于位置的服务）技术让消费者在决策的环节可以随时随地地进行比较，为消费者消除隐患，给予其信心；在行动环节消费者可以快捷地获得各种优惠和折扣信息，随时随地地分享和被分享。

“随时随地”让我们感受到巨大的能量，同时也让企业感受到“既可载舟亦可覆舟”的两面性。消费者看似无法捉摸，但又给企业带来无限潜能。而这一切取决于企业是否能打造品质优良的产品和服务、卓越的用户体验和完善的用户忠诚度管理体系，几者缺一不可。

第五章 无体验不商业

第一节 体验就是找到“甜蜜区”

当我们走进迪士尼乐园的时候，带小孩去的游客基本上都会购买里面价格为 100 元的气球，如果在大马路上，相信极少数人会花 100 元去买一个气球，而在迪士尼，父母们会毫不犹豫地给孩子花这笔钱，这是为什么？

咖啡豆在原产地的成本大约只要几美分，生产商对咖啡豆进行了若干道工序的处理加工，再经过包装后，一杯咖啡的成本大约在 20 多美分，而这些咖啡豆在餐厅或酒吧要被卖 1 美元，在星巴克要被卖大概 5 美元，在一些开设在商业圈中的专业品牌咖啡店里可能要被卖到 10 多美元。令人惊讶的是，当在上海滨江大道黄浦江畔欣赏着百年黄浦建筑的消费者被问到“喝一杯上百元的咖啡值不值”的时候，他们的回答居然是：“超值！”

上百元的咖啡和气球都是价格超过其成本几十或上百倍的商品，消费者在购买这样的商品时，已然忘却了这个商品本身的价值，而是在整个消费场景中得到了一种独一无二的体验。因此，我们可以看到的是在不同阶段消费者对价值的理解，那就是从初级产品、产品、服务，到体验。

初级产品是很容易理解的，在农业经济时代，大量的就业者从事农业劳动，创造出大量的初级产品，这样的产品在供需结构中需大于供的阶段产生可观的利润，但一旦供需关系逆转，则会给企业带来致命的打击。这是因为初级产品之间毫无差异而言。但是这个阶段被工业时代所替代，手工作业被机械化所替代，整个经济开始不可避免地朝着高级的产品阶段发展。

产品是通过加工初级产品或原材料而生产出来的。生产成本和产品差异化决定了定价的不同。随着技术的不断发展，生产中所需要的工人人数不断下降，制造业对劳动力的需求逐渐饱和。大量财富的积累，推动着整个社会对服务的需求，从而产生了服务从业者，或者说是催生了一个新的经济体。

在服务经济的发展中，人们开始越来越渴望获得消费服务，越来越多的个人和企业都在产品上节省开支，如平价店的涌现等，而转向购买消费者或企业认为更有价值的服务体验，如餐厅消费或野外聚餐。所以，在服务经济的时代，如果商家很难让消费者形成差异化的观念，那么这样的商家所制造出的产品一定就面临价格的挑战，而这种价格的压力只能导致产品沦落为初级产品，其结果就是消费者越来越依据价格来购买产品。为了摆脱沦为初级产品的窘境，商家通常的做法是同时提供产品和服务，只有这样才能有较为完善和全面的经济产出，以满足消费者的需求。例如，我们在购买汽车的时候，4S 店在卖车的同时也在提供售后和维修服务，同时也会提供贷款服务、保险服务，要想单靠竞争激烈的卖车来维持庞大的门店运营开销越来越难。

我们看到不少为了卖服务而买产品的案例，比如电信运营商和手机厂家的合作，电信运营商通过免费赠送手机换来需要服务的客人。这表明服务经济已经快速发展到了难以想象的程度，说明经济发展的重心只有转移到服务业中去，才能保持繁荣。

我们甚至看到有的学者提出免费经济的概念，这荒唐吗？如果我们能了解发展新的、高价值经济必将抛弃旧的、低价值经济，这就一点都不荒唐了。

互联网成为推动产品和服务初级化的最大动力。互联网为消费者省去了中间环节，节约了时间，同时还让消费者能无比自由地进行价格比较，使得竞争透明和白热化。互联网正在把产品和服务交易逐步变成一个虚拟的初级产品展台。

如果说初级产品有可交换性，产品具有有形性，服务具有无形性，那么体验的特征是可回忆性。当企业有意识地以服务为舞台、产品为道具来吸引消费者的时候，体验就产生了。体验是在一个人的心理、生理、智力和精神水平处于高度刺激状态时形成的。

体验和服务的共同点是无形，而两者不同的地方在于前者虽无形却留在了记忆里，后者则的确无形。犹如演员、音乐家、演说家，他们的表演工作一完成就消失得无影无踪，但是体验的价值是他们的表演将深深地留在观众的脑海里挥之不去。就像我们去过迪士尼乐园后，迪士尼将会在相当长的时间里成为家庭话题，挥之不去。

可能有些体验不一定是挥之不去的，但是至少想到就会让人感觉愉悦。从企业如何处理消费者排队这件事情上，就能看到企业是如何理解“体验”的。例如，有的商家压根就没有关注排队这件事情，消费者在不大的门店里，相互拥挤着，和那些外面排着长龙、目的是使店内消费者有舒适的购物环境的门店相比，消费者的体验显然区别很大。再如，很多的优秀餐饮品牌为了减少消费者在排队过程中的无聊情绪，还为其提供免费的零食以及设计了许多有趣的活动，甚至为女性提供美甲服务。从企业如何处理和对待消费者排队这个细小的问题上，我们能够看出该企业对客户体验的重视程度。

体验本身是无形的，但是我们还是很期待，原因在于它将会在相当长的一段时间内停留在我们的记忆中。快乐是制造忠诚的法门，而好的体验将给人带来愉悦，这种愉悦感超过了某一特定商品本身所带来的快感。所以，能营造快乐体验的企业，能赢得消费者更多的青睐。

有去过苹果体验店的人都会被体验店里面宽敞明亮、整洁简约、充满北欧纯净色调的环境感染，心情变得舒畅。工作人员看似随意的穿着让品牌和消费者之间减少了距离感。摆放在桌上的样机，可以任由消费者“把玩”。不仅如此，店内还开设了若干个学习课程，工作人员耐心而又有趣的表达，让消费者获得了许多新鲜的知识。顾客在体验店里面待上半天也不会觉得无聊。

这和在迪士尼乐园中的许多体验都有异曲同工之处。在迪士尼乐园，游客身临其境，对童话王国里面的建筑和演员着迷，还能欣赏各种各样精彩的演出，在梦幻的餐厅里和动画片中的各大主角一起共进美食，玩上一整天也不会累。

无论是苹果体验店还是迪士尼乐园都给消费者带来了无与

伦比的客户体验，这样的体验打开了消费者们的多巴胺通道，让他们愉悦，同时深深地留在了他们的记忆中挥之不去。而在上面的一些描述中，我们是否隐约发现了这些体验的设计具有一些共性？

从上面的案例当中不难看出，一个让顾客有记忆的体验是多维度的，不仅需要满足参与度的要求，同时也要满足吸引顾客的模式的要求。参与度是指顾客的参与水平，例如我们听演唱会，如果只是聆听，这是被动的，但往往演唱会是会让听众参与其中的，我们能从头到尾跟唱，这两种体验的参与程度是不同的；而在严肃的音乐会现场，观众就是被动的。从吸引的模式上看，一种是被吸引，例如我们看电视剧，这是吸引体验；而如果和电视剧里面的人物产生互动，很难“自拔”，那就是有沉浸其中的效果。这两者有很大的不同，因为沉浸其中，从某种角度而言是有逃避功能的。

所以，通过这两个维度，我们获得了四个象限：娱乐性、教育性、逃避性和审美性。那么在这四个象限交集的部分，我们称为甜蜜区。这个区间就是我们认为的最佳体验区，如图 5 – 1 所示。

我们再来看看星巴克门店，这是一个大家都熟悉的地方。我们喜欢这个地方，认为它是消费者的第三空间，这个空间让

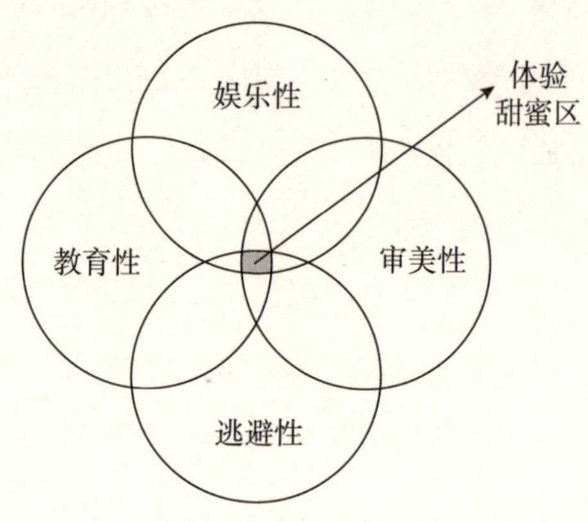

图 5－1　体验甜蜜区

消费者忘记时间，消费者喜欢这个地方的色调、背景音乐、座位空间的合理分布、工作人员的问候、灯光的设计以及浓浓的咖啡味。星巴克门店选址也很讲究，不是在 CBD，就是在风景优美的稀缺景观旁，在店里我们可以独自喝着咖啡，看着书，享受一个人的自由自在，也可以和三五好友一起聊天畅谈。同时，店内经常会组织咖啡知识的分享活动，让消费者获得更多的咖啡知识，也可以让消费者参与其中，为自己做上一杯咖啡。在有一些有“黑围裙”的门店中，我们还能亲身体验一杯高质量的手冲咖啡是如何制作完成的。抛开商业大环境因素不说，星巴克之所以如此成功，难道不是因为把用户体验做到了极致吗？每家门店都在很好地诠释体验甜蜜区的四大特征：娱乐性、教育性、逃避性和审美性。

无论是在航空、百货、零售业中，我们都能找到这些行业的佼佼者，我们不妨用体验甜蜜区的模型来分析这些行业佼佼者，学习它们在用户体验上所下的功夫。

第二节 惊喜是体验的最高境界

我们设计出能给用户带来良好体验的甜蜜区其实还不够，原因很简单，没有谁喜欢一成不变的体验。在业内有过一个概念——品牌磨损期，五年为一个周期，意思是说，一个企业如果五年不对自己营造和设计的用户体验进行更新，那么该企业的业务能力将会大大下降。笔者认为，体验的营造是需要不停地更新和优化的，必须不断推出新的体验元素，才能满足挑剔而又有见识的消费者，才不会让消费者感到疲倦和缺乏新鲜感。这就是为什么很多餐厅在一段时间内会在菜品、环境、服务、奖励计划上不断推陈出新。

惊喜是体验的最高境界。那么，要如何来营造或设计最高境界的体验呢？这不是一件容易的事情，但是也不是无章可循的。首先让我们来看一个公式。

客户惊喜 = 客户感受值 - 客户期望值

企业要做的不是简单地实现期望或设定新的期望目标，而是要有意识地去超越这些期望。我来举个案例，一家酒店的老客户在离酒店不远的场地办一场活动，但是很不幸的是这场活动主办方忽略了到场人数，室内的温度升高，活动场地闷热，主办方想请这家酒店支援，提供一些冰冻饮料，酒店得到这位老客户的求救信息之后，不但提供了冰冻饮料，而且还为他们的场地提供了 5 台大型的喷雾风扇，解决了老客户的燃眉之急。老客户事后专程登门感谢，并许诺与酒店进行长期合作。

这就是一个很典型的案例，企业为客户提供了超过其预期的服务，这种意料之外的体验，为企业与客户之间建立了更加深厚的忠诚关系。其实，好的导演和普通的导演在剧情的设计上就会有很大的差异，在好的观影体验中，我们经常能有这样的感受：在我们感觉要结束的时候出现了出人意料的转折，影片由此变得更加精彩，观影者会深深地沉浸在影片的内容中，不能自拔。

所以，通过这些能给消费者带来惊喜的案例，我们总结出让消费者惊喜的四个层次。

首先是让消费者满意。

其次是要降低消费者的期望值。

再次是营造惊喜。

最后关键的一步就是留下悬念。

当然，只有让消费者获得超出预期感受的体验，才能被称为惊喜体验。

纵观许多企业的忠诚度奖励计划或者促销打折活动，大部分都是针对一个群体投入很多资金以培养消费者的忠诚度。这不能说完全不对，但是一成不变的活动也是会让人感到疲倦的。其原因很简单：消费者会认为这样的活动是为了所有人而设定的，而随着时间的不断推移，消费者会不知不觉地认为这些奖励、服务或折扣是理所应当的。

如果我们变换一种思路，拿出一部分预算为消费者营造一种难忘的体验，效果可能会更好。例如，为一些特定消费者群体设计一天的免费或者打折权，并且由收银的广播播报出来(这个很重要)，这样会更具“杀伤力”。

总之，企业发展到今天，从初级产品到产品，到服务，再到如今的体验，我们的企业正在思考一个新的问题：如何重新定义消费者和品牌的关系。企业应该要意识到，我们要制造产品，也要制造回忆；要提供服务，更要实现更高的经济价值。仅从产品和服务的角度出发，企业将会逐渐失去引领新经济发展的动力。消费者需要的是持续惊喜，并且愿意为精彩的体验买单。只有能长期吸引消费者的企业，才能与客户建立长期的忠诚关系，才能在新的经济环境下取得成功，这是企业新的目标。

第三节｜用户体验再造

如果说每家企业都让消费者获得惊喜的消费体验是一件不那么容易的事情的话，那么，如何让消费者满意和持续满意，不断优化消费体验应该是每家企业都需要思考的问题。

每家企业都可以去尝试优化方法，从而进一步改善消费者的体验，提高企业的竞争力。这里我们不妨用星巴克的店内用户体验路径举例。消费者在一家星巴克门店的体验过程基本上可以被分解为26个子项。

我们可以将这26个子项归纳为场、货、人三类。

（1）环境11项（场），包括店面的位置、店面外观和门店招牌吸引性、店内装饰、是否有愉悦的气氛、店内气味、背景音乐、是否容易找到舒适的座位、店内整洁程度、是否有放松的环境、WiFi设备的方便度和可用性、洗手间。

（2）产品4项（货），包括价格、咖啡种类、咖啡包装和卖相、咖啡味道。

（3）服务及流程11项（人），包括排队时间、店员友好程度、店员具有的专业知识水平、个人化对待程度（记住客户名字和所点订单）、付款方式、等待咖啡制作的时间、自助柜台、关注与被关注（是否能让客户感觉融入这个群体）、报纸杂志的选择、是否提供新品试吃、是否有真诚的微笑告别（是否被当作是有价值的客户来对待）。

在归好类之后，就应该开始对其进行分析处理了。有一个重要的公式：满意度 = 实际体验 − 客户期望，如表5−1所示。

表5−1　用户体验工具

1	2a	2b	2c	2d	3	4a	4b
品牌价值	实际价值	客户期望	满意度 2a − 2b	重要性	满意度权重 2c × 2d	理想体验	体验差距 2a − 4a
产品							
价格							
便利性							
品牌形象							
服务							
关系							

那么，在满意度上我们需要进行权重分析，并不是所有的子项对消费者来说都是最重要的，也需要分出一个高、中、低来，最后得出体验差距公式：体验差距 = 实际体验 - 理想体验。如此一来，就出现了满意度、满意度权重和体验差距三个可参考的关键指标。当满意度权重和体验差距数值都很大的时候，说明客户体验需要改善和提高。接下来我们就可以把这些子项放进一个四象限的格子里面，如表5-2所示。

表5-2　用户体验运营表

执行到位		
执行不到位		
	对客户不重要	对客户重要

第六章 会员忠诚管理的企业定位

第一节 产品为“1”，忠诚是“0”

有一句话是这么说的：“不以结婚为目的的恋爱都是耍流氓。”套用一下该句式：“一个品牌如果不以建设用户与品牌之间的忠诚作为经营活动的目的，那就是自取灭亡。”

相信绝大多数的企业对此应该是认同的，但是在一个经济高速发展的发展中国家，人口红利、机会主义、经济模式红利，无不让企业的经营者知而行难，这个“难”我认为来自几个方面。

一是企业经营者匆忙“闯入”市场，对市场和用户并没有足够的了解和认识，对业务的差异化定位、价值化定位以及消费者群体的定位都没有进行充分的分析和设计，导致同质化竞争非常严重。

二是互联网免费经济、价格补贴等影响因素或多或少都在动摇着经营者的经营观念，导致很多企业家在这样的环境中乱了方寸，伤害了品牌和用户忠诚，使得用户建立的不是与品牌的忠诚关系，更多的是与“价格”的忠诚关系。

这种内外因素交织带来的结果就是企业要么过度期待短期的用户忠诚度管理的效果，要么无视。

如果企业没能打造出好的产品这个“1”的话，那么一连串的“0”是没有意义的。离开产品谈用户忠诚是空洞的，是本末倒置的。

企业在设计产品以及用户体验的时候，需要时时拥有体验思维，这是用户忠诚度管理的基础。就好像我们在舒适的咖啡店里，享受着友好而又有温度的服务、便利的地理位置、恰到好处的背景音乐、舒适的座位和浓浓的沁人心脾的咖啡，这些体验无一不是站在体验思维的角度打造的。所以，消费者不是为了一张会员卡而爱上一家咖啡店，而是这样的一家咖啡店值得让消费者拥有一张会员卡。

在传统行业的转型中，企业首先要考虑的是如何再造具有竞争力的产品和服务，如何在消费升级的大潮中找到品牌的定位，如何重新建立品牌与消费者的关系，而不是仅寄希望于通过一套用户忠诚度管理体系来解决所有经营的问题。

但是，用户忠诚度管理贯穿于企业的整个生命周期。美国著名的管理学家伊查克·爱迪思（Ichak Adizes）经过20多年的研究，在他的著作《企业生命周期》中写到企业生命周期的四个阶段：发展阶段、成长阶段、成熟阶段和衰退阶段。那么，与之配合的用户忠诚度管理也需要经历四个阶段：用户忠诚体系搭建基础阶段、会员品牌心智渗透运营阶段、会员忠诚运营加持阶段、会员忠诚品牌价值外化创收阶段，如图6-1所示。

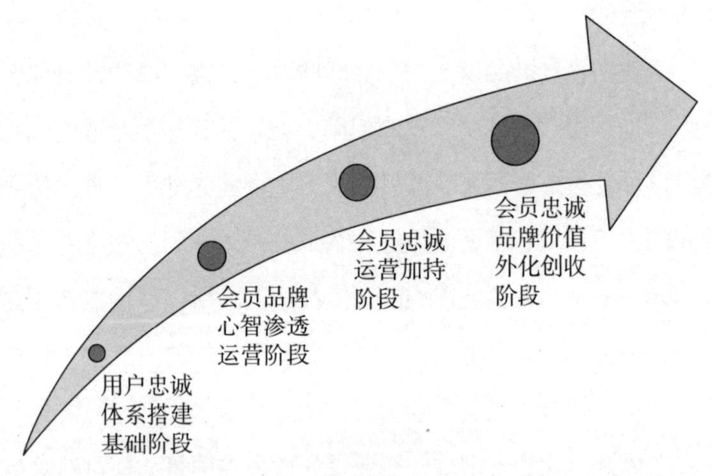

图6-1　用户忠诚管理阶段图

（1）用户忠诚体系搭建基础阶段。这是基础阶段，就像造房子的地基，一栋房子能造多高、有多稳和地基是有绝对关系的。在这个阶段，我们需要利用技术的手段构建一套属于品牌的忠诚度体系，包含识别、沟通、等级、权益、积分、奖励等几个方面。在系统层面，我们需要考虑的是系统产品、系统环境、数据库以及和终端 POS 系统、支付系统、全渠道的数据对接的规划和实施。

这个阶段会员体系的设计是需要有用户思维的，要既有趣又有料，既能控制成本又能提高用户的感知价值，既能面向大众又能满足个性需求，要设计出和企业品牌文化价值匹配的有温度的会员体系，让用户能快速地接受，减少沟通成本。

（2）会员品牌心智渗透运营阶段。会员品牌的认知和商品品牌一样重要，它是商品品牌价值的一种延伸和衍生，很多企业在这一点上做得很不够，具体表现在组织结构、企业经营理念、营销活动和会员营销关系等层面。

会员品牌的心智渗透运营阶段主要是从会员品牌营销层面考虑，包括会员品牌的亮相、会员权益的不断推送、奖励的设计宣传、定期会员营销活动的设计和执行、区别于非会员的会员资格的设计和宣传、全年商品品牌的营销活动与会员营销的结合等，其成果是可以让大部分会员认同该品牌的会员体系，感觉到“物超所值”。这个阶段是贯穿于整个企业生命周期的。

（3）会员忠诚运营加持阶段。当一个企业的会员忠诚度管理体系上线超过 3 个月后，理论上来说就应该可以为企业的业务加持了，虽然我们知道一个成熟的会员忠诚度管理体系是需要经过 3 年以上持续不断运营的。经过 3 个月的正式上线，该体系已经可以收集到一定的会员数据以及与之匹配的业务数据。

会员忠诚运营的核心指标绝对不仅是用户满意度，最主要的几个指标应该是新会员数量，月度活跃度（这个指标要看业务核心是否在移动互联网上），忠诚度相关指标如复购率、客单价、流失率、NPS（Net Promoter Score，净推荐值）等。

数据化的会员忠诚度营销能带来关键性指标的提升和优化，可以带来实际业务的盈利增长。当然，加持也不仅表现在这些方面，还可以加持在门店选址、爆款商品的设计打造、商品战略方向、品牌定位、销售渠道的选择等上。

（4）会员忠诚品牌价值外化创收阶段。经过之前三个阶段的运营，接下来就可以开始考虑会员品牌的额外创收了。这是很多商家都希望的，但是并不是每个企业都能很好地实现它。

从星巴克的 88 元会员卡、亚马逊的 Prime 付费会员、虾米音乐的 128 元付费会员，到阿里巴巴的 88VIP，哪一个不是深入人心的会员品牌？哪一个品牌不是占据着用户心智？会员忠诚的价值变现绝对不仅是在开始付费会员模式后才算实现，在会员运营的加持阶段已经可以看到明显的价值变现了。美国的 Costco 采用的是典型的付费会员模式，后起之秀全家便利店，也是这个模式的受益者。这部分将会在后面的章节中介绍。

会员价值的变现一定是在高度重视会员管理或者把会员忠诚度管理放在第一战略地位的企业才有可能实现的，当然，了解企业的业务属性也很重要，例如对频次、客单、消费者生命周期以及会员量等因素的考量。

其实，会员变现的模式不仅包括付费会员，还有我们熟悉的会员联盟模式，例如航空业中加拿大航空的 Aeroplan 积分联盟计划，零售业中英国 Sainsbury's 的 Nectar 积分联盟计划，都是会员变现的优秀代表。

企业的核心业务应该是建立在用户思维、用户体验的基础上的，有了这样的基础，再加上优秀的用户忠诚度管理，企业就会如虎添翼，企业业务也会得到更好的发展。伟大的企业之所以伟大，是因为在关键的价值观念上从来不含糊。

第二节 多、快、好、省

理解了业务和会员体系的关系后，我们可以来思考另外一个问题，那就是企业应该向会员提供什么样的成本可控、有价值的服务和权益设计，以区别于普通的消费群体，从而使会员具有优越感和吸引力呢？

权益的设计被大多数人认为可以分为软性权益和硬性权益两种类型，那么，在权益核心业务上如何找到会员喜欢并且津津乐道的权益设计点？

多、快、好、省是权益设计的不二法则。

一、多

我们经常会遇到的场景是这样的："先生，您是我们的白金卡会员，我们为您免费升级到商务舱。""感谢您的入住，今天我们为您升级到总统套房。”“您是我们的金卡会员，您还有一张超大杯咖啡升级券，需不需要这次使用?”相信我们在日常的生活中都经常遇到这些场景。没错，这就是“多”。利用空闲的资源为会员提供超出其购买等级的服务或产品，特别能让会员产生强烈的优越感，并且为会员品牌的心智渗透带来帮助。

二、快

这是一种将稀缺价值和会员信用体系结合的方式，例如排队等待是让人很糟心的，如果能为会员提供减少排队等待时间的特殊待遇，也是让人很开心的，很多餐饮品牌已经推出了这样的会员权益。高等级会员的免排队收银通道、登机的等级会员通道、酒店的免等待退房等都属此类。

三、好

法国的老佛爷百货商店针对高等级的会员提供 1 对 1 的导购服务，一位绅士帮顾客拎着包，介绍各个品牌，帮顾客省掉了寻找、沟通等烦琐的环节，甚至作为美丽管理顾问，给顾客提供合理的建议，这样的服务带来的愉悦感会催生更加感性的消费。在国内的百货商店，我们经常看到的 VIP 服务有免费

VIP 休息间、免费物流、免费衣服尺寸修改，甚至是延期无理由退换货服务等。在金融行业，也有各种 VIP 服务，例如高级经理甚至行长亲自接待客户、答疑和为其办理业务。

四、省

这是最常用的一种方式，但企业要“慎用”。会员价格、折扣优惠、现金券优惠等都是这个类型的典型代表。最早的奖励形式叫“邮戳”。以前我们在星巴克经常可以看到，在一段时间里面喝了 10 杯咖啡可以免费获赠 1 杯咖啡。这种逻辑其实是容易理解的，通过提高单位时间的客频，达到增加盈收的目的。那么，从增加的部分让出一部分毛利来作为奖励，是可以控制和符合逻辑的。但是，我们不提倡动不动就打折、动不动就减价的模式，这对品牌伤害极大。我们会明显地发现，折扣和降价就像激素，效果来得很明显，但是效力过后业绩会皮软。企业更需要的是找到可以使其维持长期稳步增长的“良方”，甚至在大环境不景气的时候，依然可以不受到影响。所以，在设计营销体系的时候，企业虽然需要“激素”，但更需要“良方”。

我们看到互联网行业在发展初期，采用大量“烧钱”的方式来积累流量，但是现在，这样的情况越来越少了，我们从野蛮甚至自杀式的发展方式，慢慢转变为开始理性地思考这些问题。“爆款”这个词成为流行，其实是营销趋向理性的一种具体表现形式。将“爆款”和会员关系有机地绑定在一起，应该是我们要提倡的一个新的思路。

“每周一下午 5：00 后色拉买一赠一”“每天上午 11：00 前早餐套餐仅售 40 元”等，透过这样的广告，我们知道这个企业是在有意识地挖掘空闲价值。空闲价值与会员权益的结合是非常完美的，是一种既不伤害品牌，也不伤害用户，而且又能带来增量的一石三鸟的好办法。

套路

03

第三部分

第七章 | 会员体系搭建

第一节 | 就从 AARRR 的套路开始

套路这个词看上去很没有诚意，笔者用这个词作为这部分的标题有两个考虑：一是建立一套良好的体系一定需要懂得它的关键点，使其程式化、模式化，才能给实际操作带来帮助；二是套路并不等于没有诚意，也不等于没有创意。本部分提供的是一些方法和实际案例，在实际的运用过程中，少不了需要设计出有态度、有创意的体系与营销活动。

众所周知，AARRR 模型即获取用户（Acquisition）、提高活跃度（Activation）、提高留存率（Retention）、获取收入（Revenue）、自带传播（Refer），如表 7－1 所示。

通俗地讲，AARRR 模型就是一个漏斗裂变模型。

用户从哪里来，怎样获得用户？

用户来了之后如何提高用户的日活（DAU）、月活（MAU）？

表 7－1 AARRR 模型

漏斗层	主要关注指标
获取用户（Acquisition）	用户数
提高活跃度（Activation）	日活（DAU）、月活（MAU）
提高留存率（Retention）	次日留存（1-Day Retention）、周留存（7-Day Retention）
获取收入（Revenue）	平均用户贡献（ARPU）、生命周期总价值（LTV）
自带传播（Refer）	用户感染率（K）

紧接着要考虑用户的留存率，其实就是如何降低用户的取关率、如何降低用户的流失率，关注次日留存（1-Day Retention）、周留存（7-Day Retention）等指标。

在获取收入部分，要考虑如何将用户变为有消费的用户，从而进一步成为忠诚的会员。这个时候要关注的是平均用户贡献（ARPU）、生命周期总价值（LTV），但是这些还不够，管理者还要看毛利，也就是生命周期总价值（LTV）－用户获取成本（CAC）。

最后就是自带传播，即如何带来分享、口碑和裂变。这个时候要关注的是用户感染率（K），用户感染率＝用户传播的邀请用户量×转化为新用户的转化率。当用户感染率（K）大于1时，就是正向的；如果小于1，就是负向的。

这就是移动互联网用户管理的核心模型。

我们知道了用户运营管理的逻辑，那么怎么才能知道每个阶段需要做哪些工作，而这些工作对我们的哪些指标带来影响呢？或者说，有没有一些比较常规的会员营销套路可以快速地给企业带来效果？这才是这个部分主要阐述的。

第二节 | 会员忠诚体系的 5 件事

再小的一家单体门店，都可能会设置会员卡，例如修鞋店或奶茶铺，这与是否有软件系统无关，老板会将会员记录在不同颜色的本子上，包括会员名字、联系方式、该等级会员的折扣率、交易流水、积分的情况等。如果一个本子记录不过来就用两本，两本不行可以用三本。这就是会员忠诚体系最简单、最原始的样子。

今天的会员忠诚体系和传统的会员忠诚体系在形式上来说最大的区别在于，前者表现为移动化和社交化，后者不是。并不是所有的会员忠诚体系都是建立在微信这样的社交平台上，但绝大部分都是如此。当然，也有很多企业自建 App 来进行博弈（这里也有技术的因素），但总体而言，企业从风险和业务功能等方面综合考虑，经常最终会选择“App + 微信”的组合。

会员忠诚体系的5件事情包括识别、等级、权益、积分、沟通。由于今天的会员忠诚体系是嫁接在移动端上的，虽然和传统的体系搭建在本质上是一致的，但形式上发生了彻底的变化。

一、识别

这是一个很基础的部分，会员的管理就是从会员的识别开始的。传统的识别大多是通过实体卡（磁条卡、芯片卡或非接卡）来实现，然后通过终端的配合来实现每一笔交易和会员之间的关联；而现在的会员识别几乎都是数字化的，例如电子卡、人脸识别、社交账号识别，或者是被支付账号所替代。无论是在以前还是现在，识别是不可或缺的。那么，如何建立卡号？如何设计卡面？需不需要实体卡？识别过程中我们需要收集会员的哪些信息？这些都是需要解决的问题。

卡号的建立，可以参考银行卡的卡号设计逻辑，由“BIN号+自定义位+校验号”三部分组成。当然，如果卡号仅用作会员的识别，可以不用那么复杂。

××× + ×××××××××× + ××

(品牌标识号) (流水号) (校验号)

在设计这个识别号时需要注意的是有些号的号位段的公关

作用，例如01—10的号位，666、888、999之类的“吉祥”号位，第100名、第10000名、第1000000名的独立号位，是可以进行包装和营销的。

那么，卡面设计有哪些原则呢？卡面设计要突出品牌风格、价值取向，简洁大方，色调和谐；通常卡面上会有会员品牌名称、卡号等信息；为不同等级的会员设计不同的卡片，予以区分。

在需不需要实体卡这件事情上，企业应该根据所在行业和卡片用途等情况而决定，如表7－2所示。

表7－2　　实体卡、电子卡对比

用途	实体卡	电子卡
①成本，实体卡相较于电子卡几乎无成本。	强	弱
②品牌，实体卡有利于展示品牌的价值。	强	弱
③便利，电子卡不需要携带，不会丢失。	弱	强
④传播，电子卡更加容易传播。	弱	强

如此分析下来，实体卡可以用在一些比较特殊的会员等级上，例如黑卡或邀约制的会员卡，可以体现一种尊贵感和仪式感；还可以用于一些发布会或者品牌公关活动，有利于会员品牌推广和公关。具体的操作方法可以是会员卡预注册或卡号锁定，对应相应的电子卡。

在设计会员识别方式的同时，还需要考虑的是对获取会员信息的方式的设计。市面上大多数获取会员信息的表格，要么只需要填手机号码，要么是用户信息必填项过多。显然，在会员招募过程中，提供过多的个人信息会给用户带来负向体验，因此，建议商家按照场景来设定用户信息必填项。如果是单纯招募模式，那么就采取简单原则，要求用户提供手机号码或设计几项非必填的用户信息，用户每填一项都应该获得奖励；但如果是活动类的招募，可以巧妙地将信息获取设计在活动环节中。总之，商家的第一原则是让用户能方便快捷地被招募，然后再来考虑品牌需求。

千万不要在前期会员招募的时候就把身份证号或车牌号之类的信息放到必填项中，那样会大大影响会员招募效果。

二、等级

原则上，未消费的粉丝群体是需要纳入会员体系结构中的，当然很多公司的 KPI 指标的导向是转换、消费，那么如果将未消费的粉丝群体放进去后，管理者会看到消费类会员转换率较低，一个以 KPI 为导向的企业就可能受到影响，因为有兴趣的粉丝群体是一个很模糊的概念，所以 KPI 有时并不是一件好事。

等级结构中将会员分为粉丝群体、消费群体两大类；传统的忠诚等级将客户分为潜在客户、客户、拥护者、跟随者和合伙人；粉丝群体也可以细分为潜在粉丝、活跃粉丝、有消费粉丝（客户）、僵尸粉丝、忠实粉丝（忠粉）；那么，用户也可以分为潜在用户、活跃用户、有消费用户、僵尸用户、忠实用户。这么多的叫法一下就把我们搞晕了，怎么可以找到一个比较容易理解的方法，将会员分出等级来呢？下面用一张表格来描述，如表 7－3 所示。

表 7－3　会员等级对照表

消费状态	传统称呼	等级设计	互联网称呼	等级设计
消费前	潜在客户	0	• 粉丝 • 潜在用户 • 活跃粉丝 • 活跃用户	1（会员）
消费	普通客户 拥护者 跟随者 合伙人	1（普卡） 2（金卡） 3（白金卡）	• 有消费粉丝（客户） • 有消费用户 • 忠实粉丝（忠粉） • 忠实用户	2（VIP 黄金会员） 3（VIP 白金会员） 4（VIP 黑金会员）
消失	流失客户	0	• 僵尸粉丝（僵粉） • 僵尸用户	0

有了这张表，就一目了然了。设计会员等级的时候可以从粉丝开始，当然也可以从普通客户开始。

等级的定义有如下几种形式。

①消费类型，即根据消费贡献来确定等级，例如一年内消费满 1000 元将获得某等级，消费满 5000 元将获得某等级，这相对来说是比较常见的，积累航空里程也是这个逻辑。

②成长值类型，这种模式更适用于很难用同一消费标准来衡量会员的贡献的情况，例如在游戏中或在大集团的体系搭建中使用得比较多。

③信用类型，这种模式相对来说使用得比较少，一般用于大型平台。

④付费类型，即购买后才能获得某等级资格，类似阿里巴巴的 88VIP、星巴克的 88 星享卡等。

⑤邀约制，即某一类的等级是需要邀约获得的，并不对外开放，这种模式可以用在各个行业里，因为既然是邀约制，想必知道的人并不多。

三、权益

权益就是会员应该享受的权利的总称。权益之所以重要，是因为它是整个会员体系设计、会员品牌价值传递和会员价值的具体表现，换句话说，一个品牌靠什么来打动用户，使其成为会员？除了产品和服务本身，大部分用户就是被品牌的权益价值吸引。为什么是大部分人？因为还有一部分人不知道自己是怎么成为会员的。

前面我们讲到权益设计的原则是要多、快、好、省。没错，这四个方面是很重要的，从权益的角度来看，其实也可以看到商业模式的核心问题。在众多的商业模式中，能将这四个方面中的一个做到极致的，就会成为相当成功的商业模式，同时也会缔造一个极其成功的会员品牌。我们在日常生活中经常使用的品牌，很多都是这方面的代表，例如“多”的代表亚马逊、“快”的代表京东和饿了么、“好”的代表精品超市、“省”的代表淘宝等。在这里，我们不去探讨商业模式的问题，只谈会员体系中的权益问题。在设计会员体系中的权益时，也应该从以上方面去考量。

接下来我们要从另一种角度来考量，即将权益分为软性权益、硬性权益和跨界权益三大类。其中，软性权益包含了特权和信息，硬性权益包含了折扣和积分，跨界权益让权益变得更加场景化。这里将会重点描述跨界权益的设计思路。

1. 软性权益

软性权益的设计思路通常是空闲服务资源的价值利用，常见的设计有：优先排队、VIP 房间、优先进入、免费升级、快速到达、1 对 1 服务、活动优先报名等。其中的几个关键词是优先、升级、个性服务。这种权益的设计根源是马斯洛需求层次理论，即满足人的社会价值认同感、被尊重感或优越、荣誉感的需求。对这种需求的挖掘和利用，要远比设计打折之类的硬性权益来得更加有效。用户甚至也更愿意为这些权益买单。

软性权益的发展和服务经济与体验经济的高速发展是分不开的。商品经济时代提倡用折扣、促销的权益来刺激用户（当然，这在现在依然是一个很重要的手段），而我们却看到，品牌越具备服务或体验特征，其所设计的软性权益越丰富。例如，某服装品牌在会员生日当月设计个性化的形象顾问 1 对 1 服务，航空公司为高端会员开通快速通道服务，品牌酒店为会员提供免费升级服务、快速退房服务，旅游公司为会员提供私人 1 对 1 服务，游戏品牌为会员提供私人 1 对 1 服务等。相信对这些，我们都不陌生。分析其中的权益，我们会发现，有的是空闲服务资源的价值利用，有的已经变成专业服务的核心业务。这一点在信用卡的权益设计上表现得很明显。为了提高用户黏性，信用卡发行机构推出各种权益产品，如拉杆箱等实物及旅游等服务商品。

2. 硬性权益

硬性权益是感知价值相对较高的权益，最常见的就是折扣、现金券、组合券包、各类服务免单券等。这类权益如果设计得当是很吸引人的，但是在实际的操作中，往往会出现成本过高或不够有力的问题。

我们在设计这类权益的时候，应该从投入产出比的角度考虑。举例说明，如果我们为了获取一个新的会员设计一张 20 元的代金券，用这张代金券可以直接换得一份爆款产品，这样的设计很有可能导致用户领完这个爆款产品就离开了，更甚的情况就是会被恶意盗刷。所以，在设计新人入会礼的时候更宜采用组合形式，而且组合形式的金额看上去也比较大，例如 300 元入会代金券，其中包含了 3 张 50 元、1 张 120 元和 1 张 30 元的代金券，这样的组合最大的好处是选择范围广，是让利而不是免费，因为“有消费才是真爱”。但是这种组合的形式也有不好的地方，就是让人觉得不那么“痛快”。很多服务性的行业采用试听、免费体验之类的模式来进行招募新人的权益设计。在代金券的有效期设计上有个小窍门，抛开券本身价值而言，券的有效期设计得越长，转换率相对来说就越低；相反，如果有效期设计得越短（如 7 日以内），那么转换率相对来说会越高。

对固定的等级权益来说，折扣券是一种常见的权益设计，我们可以将折扣券的设计赋予更多的业务关联性。当消费者通过消费获得了等级权益的时候，我们可以将相应的折扣券的数量设计成有限的，这样一来可以比较容易控制成本，还能有效地跟踪会员的消费动态和消费喜好。我们还可以设计出满足不同消费者消费喜好的折扣券来让用户选择。总之，权益设计的宗旨是受到用户的欢迎，形成一定的转换率，不然就变成了摆设，中看不中用。

3. 跨界权益

随着移动互联网的加速发展，越来越多的品牌在设计单一权益的同时越来越注重跨界权益，这种趋势不可阻挡。跨界权益的实质是两个或两个以上的拥有一定体量、有重叠的消费群体，但又非竞争的品牌，联合设计出更加丰富的跨界权益形式或内容，从而达到双方引流、创造泛生态、提升联合品牌的会员体验和黏性的目的。

例如，在支付宝平台上有很多我们日常的场景：约车、生活类缴费、演出娱乐等，这些生活类的场景变成了一个个模块，将一个个孤立的消费场景统一到了一起，方便快捷，消费者在使用的同时还能享受到优惠。我们会发现权益变成了产品，而产品中又融入了会员的权益。这才是移动互联网时代下的权益形态。但是，并不是所有的品牌都像支付宝一样拥有如此大的会员基数、品牌号召力和议价能力，往往会发生大品牌看不上小品牌、双方的体量不对等等定位上的问题；要么就是双方花了很大力气进行品牌的系统对接，却发现其实会员使用率并不高，高估了合作的效果。这些都是我们在跨界权益的设计中常常会遇到的问题。为了降低风险，跨界权益的设计可以参考以下两种形式。

（1）权益异业营销。企业可以通过对目标群体和合作品牌的定位筛选并找到异业合作品牌，这种权益的合作是比较松散的。例如旅游品牌和院线品牌的合作，健康平台和连锁餐饮品牌的合作。通常这样的合作在传统互联网企业和线下实体企业之间最为有效，符合线上需要场景化、场景需要流量的互补逻辑。通常，除了品牌曝光之外，这样的活动的目的还有实现拉新和复购，所以双方会拿出较为有针对性的“鱼饵”，就是常说的优惠权益，针对合作品牌设计专项优惠政策，然后通过线上线下互动的方式来呈现，最终根据浏览量、关注率、转换率和核销率等指标来判断是否需要进行固定的跨界权益合作。

（2）等级权益交换。这是比较深度的合作方式，也是合作双方在较为了解彼此和进行了充分的调研测试之后采用的一种方式，如某品牌的金卡权益成为合作品牌对应等级的权益。这种等级权益交换的方式可以大大地吸引跨界品牌的优质会员入会，达到提升会员体验的目的。

在具体的操作上可以采用API（应用程序编程接口）对接的形式，通过通告或营销活动告知各自品牌的用户，也可以在用户预注册时通过激活的形式来实现。等级权益交换的模式一旦确定，并不意味着立刻就会带来效果，还需要不断地进行会员权益营销和沟通。

四、积分

客户忠诚度计划本质上是企业通过发展与培养长期客户，最终从持久的消费者品牌关系中获益的一种关系营销手段，企业在处理以积分累积为主要形式的客户忠诚度计划时形成了“独立积分”和“联盟积分”两种模式。

独立积分模式的设计旨在通过对自有客群的维护来提高客户的“钱包占有率”，最大限度地发掘客户的购买潜力以提高企业的利润；而联盟积分模式的设计突破了企业自身设立积分的局限性，通过资源的共享和成本分担，扩大客户积分的累积机会和消耗渠道，在拓展客源的同时，对提高客户的忠诚度、刺激消费起到了很好的作用。因而我们相信，相比于独立积分模式，消费者更偏好于多个商家联盟积分的模式，因为后者可以使消费者更为快速地在联盟企业中通过累积消费金额获得消费积分并兑换更多服务。

不同的积分模式会给消费者带来不同的关系质量感知，进而使其产生不同的品牌忠诚度。积分联盟作为一种新型的战略联盟，本质上是通过组建一个各方面联系密切、利益共享的合作行销网络，培养固定的消费群体，建立一种稳定的、人性化的产销关系，将传统营销方式中由中间环节瓜分的利润，通过消费者的重复消费、规模消费直接回馈给消费者，从而达到提高消费者满意度、培育忠诚客户的目的。在积分联盟中，消费者拥有积分联盟企业的消费卡后，购买联盟企业提供的商品或服务即可获得相应的积分，当积分数达到积分规则规定的数量后，消费者就可以进行积分消费，积分消费一般限于联盟企业提供的赠品或优惠。联盟企业往往数量多、种类全，数量众多的联盟企业一方面可以提供大量的积分，另一方面可以给客户提供更多兑换积分的消费选择。

由于积分联盟的加盟企业众多，且基本都提供与衣、食、住、行相关的产品或服务，客户可以用消费所获得的积分来换取更多的免费或优惠的产品或服务，这无疑会大大提高客户的满意程度。

在联盟积分模式中，客户的消费积分必须达到一定的数量才能获得企业给予的回报，并且积分越多，客户所得到回报的价值就越高，吸引力就越大。从某种意义上说，这也是权益的一种，其目的是希望建立消费者与品牌之间的忠诚关系，提高品牌在消费者心中的感知价值。

一般而言，品牌通过三种方式作用于客户的感知价值：①品牌直接作用于感知价值；②品牌通过服务过程影响感知价值；③品牌还通过对消费者与品牌关系的维护影响感知价值。因此，忠诚度计划让客户通过服务的过程和服务的结果感受到的价值越大，客户对品牌的总体感受就越好。而客户满意的程度会影响其去留，对忠诚度计划的满意度越高，客户推荐该计划的意愿越高，就越有与品牌维持长期关系的倾向。

五、沟通

沟通的重要性不言而喻，恰到好处的沟通会给消费者带来良好的体验，然而不适时宜的沟通则会给品牌带来不好的影响。

品牌和用户的沟通关系通常可以分为两种类型：一是关怀类沟通（又叫系统性沟通），二是营销类沟通。

关怀类沟通其实是很系统化的，可以将相关的环节和节点考虑进去，通常包括如下几个节点：注册前、注册后、首单后、生日、周年庆、升降级、电子券到期前、积分变化、沉睡唤醒等，当然还可以根据实际运用情况将一些固定的关怀类的沟通设计进去，可以参照某品牌的沟通列表，如表7－4所示。

表 7－4　　沟通样表

接触点 （Touch point）	内容 （Offer）	细则 （Details）	沟通 （Communication）	备注 （Remarks）
注册前	专属	周一指定商品买一赠一	ISC	
			Server	
注册后	积分	3000 积分	ISC：member brochure	
			Server	
首单后	电子券	指定商品买一赠一电子券	WeChat	二单转换
			收到优惠券和到期提醒的模板消息	
			SMS as supplement	
	积分兑换	3500 积分兑换指定商品	WeChat	
			Redemption page	
			ISC：member brochure	

续 表

接触点（Touch point）	内容（Offer）	细则（Details）	沟通（Communication）	备注（Remarks）
生日	电子券	金卡：指定商品买一赠一券	WeChat—SMS—E-mail	
		白金卡：指定商品免费		
		黑卡：指定商品免费		
周年庆	积分	N 倍积分 （N = 入会年龄）	WeChat—SMS—E-mail	奖励长期会员，鼓励会员停留更长时间
升降级	电子券、提醒	升级礼物	WeChat—SMS—E-mail	
		金卡：指定时间后指定商品免费		
		白金卡：指定时间后指定商品免费		
		黑卡：指定时间后指定商品免费		
		升级消息		
		降级提醒		

续 表

接触点 (Touch point)	内容 (Offer)	细则 (Details)	沟通 (Communication)	备注 (Remarks)
电子券到期前	提醒	到期前 7 天提醒	WeChat	
积分变化	提醒	积分变化提醒	WeChat	
沉睡唤醒	电子券	3 个月：指定商品免费	WeChat—SMS	
		6 个月：指定商品 50 元代金券		
		9 个月：指定商品 80 元代金券		

这样，系统需要处理的一些品牌与用户的沟通关系就一目了然了，当然也需要根据不同行业的实际运营情况找到更加全面的沟通方式。

例如，在为传统中医药店设计沟通方案时，要把二十四节气考虑进去，包括传统节日寒食节或重阳节，这类的沟通通常采用的是海报的形式，设计出出彩的内容，贴近生活，或结合当季的营销活动。在为出行相关的行业设计沟通方案时，就要考虑天气的因素、节假日出行的注意事项等。当然，难度最大的沟通设计应该是与时事相关的及时性的沟通，也就是所谓的“蹭热度”。热度时时有，蹭时须斟酌。不是什么热度都要蹭的，也不是什么品牌都适合蹭热度，不合时宜的硬蹭带来的效果适得其反。

相信用心的沟通一定会让用户获得有温度的体验。在现实的情况中，我们会发现在设计品牌与用户沟通的时候有一个很有趣的现象，那就是越是品牌不知名的企业越喜欢用比较激进的营销沟通形式，越是大牌的企业往往越注重创意，在有趣味的内容方面下功夫。这里没有对错，品牌阶段不同，企业考虑的方向也不相同，只有有诚意、有温度的沟通才能打开用户的心智，与用户建立良好的忠诚关系。

Wagas 在中国扎根 20 年，拥有近 80 家门店遍布全国 10

个城市，是时尚人士的宠儿，号称轻食届的代表。Wagas 的会员体系就是典型的消费金额与积分相结合的会员奖励体系。分为三个等级：白、橙、黑。用户消费 1 元获得 1 积分，积分区间就是等级区间，等级和不同的会员权益相结合，形成一套完整的会员等级体系，同时与移动端的各项功能如外卖等相结合。移动端的权益设计也很亮眼、巧妙，主要有以下四个亮点。

（1）利用颜色来表示等级，移动端突出的大图片给人一种美的愉悦。

（2）将积分兑换和权益内容合而为一，省去烦琐的积分商城的复杂架构。

（3）用时间空闲资源作为权益内容设计。

（4）使用规则和下载优惠券的 Tab 设计巧妙，不啰唆。

让我们再来看一个案例。上汽集团作为国内汽车行业的领先品牌，是国内汽车行业在“互联网 +”下转型较早的，其花重金打造的 O2O 品牌车享会员体系，是最具有开拓性的代表之一。

车享采用了成长值的逻辑来决定会员的等级，成长值为确定会员等级的唯一依据，由消费、活跃及成长任务共同组成。在会员等级有效期内，满足指定成长值即可实现等级变更，如

表7－5所示。

表7－5　各等级的起始成长值及升级和保级标准

等级	普通	银钻	金钻	黑钻	大师
起始成长值	0	80	800	2000	5000

不同的等级具备差异化的实用权益，激励用户向更高层级发展。

积分内容是维系会员黏性和忠诚度的一个重要手段。

在积分的获取上有如下途径。

（1）按实付金额1:1累计，交易成功后次日到账。

（2）主动评价可获20积分。

（3）微信绑定：首次绑定“上汽车享家”微信公众号可获200积分。

（4）积分商城：参加积分商城游戏，获得相应积分。

（5）购买奖励：成功完成新车或二手车交易可获5000积分。

在积分的使用上，有如下方式。

（1）积分商城：会员可凭积分参加积分游戏、抽奖及兑换活动。

（2）积分活动：不定期举行积分主题联合活动。

作为汽车行业的会员体系，车享有以下亮点。

（1）会员体系不再单纯以消费为升降级的评估标准，兼顾线上活跃度的影响。

（2）作为低频的行业，车享通过在线任务提升会员线上活跃度。

（3）积分的获取渠道仍然以消费为主，有效控制积分成本。

（4）设计高等级会员积分专属兑换特权，提升高等级会员的用户体验。

总之，车享会员体系为具有低频消费属性的汽车行业带来了活力。

第八章 | 忠诚营销设计

第一节 | 去伪求真

众所周知，互联网的上半场在流量上获得了令人瞩目的表现，涌现出一大批知名的大平台，这样的平台有着大量的流量聚集，有着超高的知名度，也有着在互联网上绝对的话语权。它们将互联网演绎得淋漓尽致，连接、便捷、业务线上化等（在前面已经描述过），大量的传统线下实体商家依赖这样的大平台，一不留心制造了伪命题，这个伪命题有“三伪”：伪流量、伪会员和伪营销。

所谓的伪流量、伪会员和伪营销就是商家投入了很多资源做各式的营销活动都无法得到沉淀，我们会发现所有的努力不是在提升用户对品牌的忠诚度，而是在提高用户对大平台的黏性和忠诚度，因为大部分的用户是依赖于大平台的，而不是品牌本身，加之大平台对会员信息的“封锁”，让许多商家又爱又恨。

互联网的下半场发生了巨大的变化，互联网转而拥抱线下场景，流量的故事和红利在逐渐消失，而且互联网的获客成本在变得越来越高，线下场景越来越被重视和正确地评估，这也让商家们在下半场有了喘息的机会，有了拿回战场的可能性，有了重建用户忠诚度管理体系的动力。商家逐步有了精细化的需要，有了去伪求真的迫切需求，对存量用户的精细化管理变得尤为重要。

就用户全生命周期而言，存量用户的旅程无外乎分为拉新、转化、复购、留存、赢回、再转化六部分，这和 AARRR 的逻辑是一样的，而与之相对应的用户状况又可以被分为新用户、用户转化、一般用户、主力用户、半睡用户、睡眠用户、沉睡用户、流失用户。这样就能很清晰地了解对不同状态的用户需要采用何种策略来进行优化。商家在设计用户忠诚营销计划的时候就可以分别采用不同的对策，如针对新用户的是拉新计划，针对一般用户和主力用户的是复购计划，针对半睡用户和睡眠用户的是留存计划，针对沉睡用户和流失用户的是赢回计划等。

忠诚营销计划对于数据是有一定要求的，需要通过数据的分析，至少要判断全生命周期的不同状态标签，才能进行较为粗略的分类，当然这是远远不够的。刚刚启动的品牌，由于数据的累积量不够，可能对数据的依赖会比较少，那么就只能在拉新和转化上下功夫。设计用户忠诚营销计划的时候不断地调整是常态，一成不变的忠诚营销计划会让用户麻痹和厌恶。

成功的忠诚营销计划应该具备以下 15 个方面的优势：用户招募、用户活跃、用户留存、用户结构优化、用户赢回、智能筛选、门店运营管理、减少广告费用投入、商品组合化、产品线的选择、抵御竞品、价格策略制定、建立关系、最优用户营销、延长用户生命周期。

第二节 | 用户招募

通常很难用一个用户忠诚营销计划来覆盖招募、活跃、留存、流失四种状态的用户，因为这四种状态所针对的用户群体是不一样的，当然，如果依主次的关系来进行一些搭配，倒是可以的，例如从招募开始到消费转化的部分是可以有机地组合在一起的。

一、用户增长的套路

我们从种子用户的培养谈起。小米在这方面做得很好，还专门为种子用户制作一段视频播出，让人感动。种子埋进土壤就会生根发芽，种子用户用自己亲身的经历来告诉周围的朋友，这里的服务很好，这里的产品很赞，这里的服务员很美丽。

什么是种子用户？他们是一批为数不多的用户，他们在很早的阶段就介入一个品牌的产品和服务中。当然，对于传统品牌而言，也可以在适当的阶段采用培养种子用户的方法。种子用户是“诺亚方舟”精挑细选邀请的客人，他们会坚定地帮助品牌找到自身价值，伴随着企业的成长和发展。由于是早期介入，种子用户有很大一部分的作用是帮助企业优化产品或服务，同时他们也是最好的口碑传播者。

那么，种子用户需要具备什么特征呢？他们要具有富有热情、乐于分享、处事认真、善交际、善表达、精神愉悦、有创意等正向特征，很像我们前面说到的胆汁型和血质型气质的综合人群。种子用户的职业偏向于广告类、艺术类、表演类、音乐类、市场类方向，性别偏向于女性。女性是种子用户的重要群体，她们能激发和带动男性用户的加入。在这个过程中，一定要注意不要让“羊毛党”混入，因为“羊毛党”只会抱怨，他们是不会提供好的建议的，反而会让产品需求越来越模糊，还可能制造负面的消息进行散播，不但占据了原本有限的种子用户名额，而且浪费各方面的资源。

关于种子用户的奖励问题，既然他们是一群很不一样的用户，那么在招募的时候一般的奖励应该是不够的，既不尊重种子用户，也不尊重寻找种子用户的工作人员。针对种子用户，要设计一套有效而又慷慨的奖励计划，例如可以根据种子用户的贡献，设计永久使用权、最先使用权、永久等级、大额积分、印有种子用户名字的商品、等级卡片、IP 奖励、活动优先权、PR 活动的特别座位、与品牌创始人座谈等。要在物质和荣誉两方面给予种子用户奖励。当然，好的种子用户会提出良好的产品改善建议，贡献朋友圈口碑推送、优良点评，邀请好友、为品牌推广活动站台等。

在最初体系搭建完毕之后，最紧迫的就是需要为会员的招募设计一套比较全面的会员招募奖励计划。既然是一个计划，就需要设定一个时间阶段，通常而言，一套招募计划至少要按照半年至一年的时间来设定。接下来我们就需要回答一些问题了：招募的预算、招募的形式、招募的渠道、招募的目标是什么？

老字号“南翔小笼馒头店”是一家在上海家喻户晓的传统美食店，在新零售时代也面临着改革：如何迎合年轻人的口味？无论是菜品、环境和品牌都需要重新定位，通过互联网工具实现转型，这对于一家百年老字号来说无疑是一项重大的挑战。在招募会员的方面，招募计划的设计既要年轻化，又不能抛开对传统品牌的传承；招募流程既要移动化，还需要尽量减少线下运营压力；成本要控制，但是效果还要明显。

“南翔小笼馒头店”运用“小笼”的“笼”与“龙”字的谐音，采用“笼”的传人作为粉丝招募的名称。招募主题为“翔笼十八裥”，指小笼最高标准的18个裥，同时利用了上海方言中的“裥”字，引发知识和趣味性话题，在一个百年老字号品牌的粉丝招募中增添了年轻和时尚的元素。在高层的支持、员工培训和激励机制的配合下，公司实现了较好的招募效果，每日的会员招募数达到客流数的50%以上。

会员招募的形式和渠道多种多样。一般的是将会员引导进入品牌的微信公众号，然后填写必要的会员信息加入会员体系。在设计招募产品的时候需要考虑不同的场景，例如电子券的发放链接的引导或游戏类的场景切入，这种形式通常是在一些合作商家的流量互动活动中运用的。

关于招募礼包的设计，需要特别强调的是，要考虑不同场景和不同渠道的特殊性，尽量满足不同渠道的专属性，这样能有利于BD（商务拓展）部门的商务合作。

下面以上海嘉里中心的线下招募场景为例。

（1）交互即会员。

扫码关注，成为会员。通过免收停车费的方式吸引新会员注册。上海嘉里中心的广告牌上，很清晰地展示了新会员招募奖励的重点：1小时免费停车。

过去传统的会员招募来自线下（门店等线下场景），在移动互联网高速发展的今天，线下招募依然是一个非常重要的手段。

线下物料的制作和线上产品端的UI用户界面一样重要，商家要将招募活动设计得夺人眼球、掷地有声，大量的线下流量就是招募数量和质量的重要保证。不但招募流程要设计得人性化、游戏化、简便化，奖励也要恰到好处。但最重要的还是线下运营人员的鼎力配合，门店工作人员的一句话，带来的效果会好过一个冷冰冰的二维码。例如顾客在手表维护中心，一进门拿号正准备排队时，保安掏出一个二维码说："扫码关注一下，能了解手表修理的进程。"就这么一句话，准确地说出了顾客的关注点，让顾客无法拒绝扫码关注并成为注册用户。

纯互联网的企业渴望结合线下的场景，大力地寻找传统的有门店的线下场景合作，因为它们知道互联网流量价格居高不下且质量难以保证，远远不及高性价比的线下优质用户流量。线下也是互联网用户消费的重要场所，所以对于拥有线下门店的O2O品牌而言，利用好这样一个天然的流量入口非常重要。

（2）支付即会员。

支付即会员有两套体系：阿里系和腾讯系，两者都是基于支付功能和CRM系统的对接来实现的，各有利弊。联名数据的使用是这种模式的核心，微信支付的好处是用户可以直接关联企业的微信服务号，从而成为粉丝；而支付宝或者口碑更有优势的是企业能够拿到更加准确的会员信息，但其前提是双方共享会员信息、开放线下场景。这里不做详细的解释。

如今的 CRM 体系都是建立在社交平台上的，也就是说从用户的识别和营销沟通主场上来说，这是建立在微信 OPEN ID 体系下的一套会员体系。这套体系强烈依赖微信的功能，尤其是小程序（Mini Program）发展突飞猛进，可以和微信公众号、订阅号体系并行，无须安装，在笔者看来，小程序就是一个专门为线下门店开发的程序，小程序的诞生将大大促进会员招募工作。

社交化属性的商业模式可以利用朋友圈的好友邀请、分享机制，甚至识别机制等。识别机制是指在产品登录界面上可以直接采用微信身份登录，以减少用户的流失。好友邀请和分享机制是在会员招募中必须要设计的项目，利用奖励的诱惑来促进用户的分享和邀请。例如，“南翔小笼馒头店”在招募活动中设计的“翔笼戏春”游戏，用户邀请两个好友可增加游戏机会。

所以从会员招募的角度而言，一个好的招募方案包含合理的预算、形式和渠道。这是一件长期的事情，需要对每个渠道和招募诱饵进行分析，是一个不断优化的过程。我们除了需要关注会员招募的奖励计划设计之外，还需要通过更多的力量来加持会员招募，达到更加意想不到的效果。

二、KOL/网红达人的力量

如果企业对自己的产品和服务够自信的话，其种子用户就变成了品牌口碑的先遣部队，口碑的宣传会带来非常明显的用户增量效果，而且还省钱。那么，除了普通用户的口碑相传，品牌还需要利用博主、优质的网红，需要 KOL（关键意见领袖）为其宣传。

积家手表被认为为网红 papi 酱的 30 秒视频至少支付了 500 万元，但其效果也是巨大的，为品牌在社交媒体上带来了巨大流量。

国内最早的一波带货型时尚博主 KOL 是在淘宝网成长起来的，我们称他们为“带货网红”，他们从自己开淘宝店，也帮其他品牌和店铺带货，到做自己的品牌或与网红经济生态相关的生意。雪梨、张大奕、于 momo 等 50 位网红成为极具消费影响力的网红领军人物。随着微博、微信、小红书的诞生和发展，出现了在不同的自媒体渠道展现不同内容和风格定位的时尚博主 KOL。

KOL 不等同于网红和博主，网红和博主定位偏娱乐性，而 KOL 即意见领袖，是在某个垂直领域里面具有一定权威性的个体。好的 KOL 不仅可以为企业带来用户增量，而且可以带货。那么，如果选择适合企业品牌的 KOL 呢？关键有两个方面：第一，KOL 所影响的人群要与品牌影响的人群高度匹配。第二，KOL 自身能帮助品牌制作内容，也就是说能帮助品牌制造 UGC（用户原创内容）。

企业通常可以通过粉丝数量以及内容互动数量来判断一个 KOL 是否优质。由于 KOL 也有自己的生命周期，除了粉丝数量和互动数量之外，还需要了解其在时间维度上的文章发放量，来了解该 KOL 的周期阶段。通常，初期的 KOL 很难被发现；成长期的 KOL 处于上升态势，可以通过观察上述数据来判断；成熟期的 KOL 在业界应该有很高的地位，他们通常有强劲的、过百万的粉丝数量和上万的内容互动数量；衰退期的 KOL 通常文章发布量会下降，互动数量也会下降。出于成本的考虑，企业通常较多地选择处于发展阶段的 KOL，利用好发展阶段的 KOL 不但能省钱，而且效果也不一定差。

从另一个角度而言，可能达人对于创业品牌来说更加适合，但是如何能在同质化竞争激烈的达人市场中，让达人脱颖而出，可能不完全是达人自己的工作，企业在树立品牌调性和识别度的过程中，也需要在细分领域培养精心筛选出来的达人并为其打上标签，比如甜美日韩风格的美妆达人、大码女装达人、配饰达人等。品牌通过营销策划帮助达人建立在细分领域的领导力、影响力和粉丝黏性也是关键的环节。

我们经常能听到这样的故事：一位创业做女装的老板，投入了 50 万元在某网站上开店，付费合作了很多达人，但是结果收效甚微；或是一位初创公司的老板去找 KOL 经纪公司，提出需要粉丝量上万的达人（通常这样级别的达人的粉丝数量是相对比较真实的），但大多数经纪公司提供不了。现实的情况是企业需要有自己寻找优秀达人或 KOL 的能力。企业可以通过爱逛街、淘宝客、微信、微博、抖音、小红书等渠道寻找达人。

那么，企业在一个达人身上的投入与产出怎样算是合理的呢？这个问题我们需要从两个角度来看，单一的指标数据未必能说明问题。从用户增长方面而言，企业需要关注的是自媒体的关注量、粉丝量或进入社群的数量，然后根据后续跟踪来看后期用户的活跃表现。从转化上来看，企业需要关注的是一次购买和二次购买的数量。企业结合以上几个方面来综合评估达人或 KOL 的质量、投资回报。

微信的社交和阅读的流量红利催生了很多“头部”KOL，

他们的每篇文章的阅读量都是10万次以上，文章内容以时尚穿搭、生活方式、女性观点结合社会热点为主。据报道，2017年，中国收入第一名的时尚博主的年收入为5500万元，其微信自媒体广告投放费用为一次50万元以上。前三名的时尚博主的收入来源主要为社交媒体广告、活动出场费以及电商收入等。

通常我们认为，在一次广告投放中做到了销量、用户和话题性这三方面的提升，就是成功的。

但大多数品牌和创业型公司没有必要跟“头部”KOL合作。比如，一个发展中的初创型品牌，每个月花费5万元左右，可以与2~3个每篇文章阅读量在1万~5万次且用户画像精准的KOL自媒体号合作。

再比如，某初创的潮流配饰品牌与一个女性时尚情感类的公众号合作，文章单次阅读量在3万~5万次，2万元的广告投放费用，通过低价爆款换购的方式获得了2418个订单转化用户，ROI（投资回报率）为1.09，如表8-1所示。

表8-1　　某初创品牌ROI测算

广告投放费用/元	单品换购价/元	单品成本/元	单品换购次数/次	单品换购总成本/元	成交金额/元	拉新成本/人	ROI
20000	9	22	2418	31434	21762	21.27	1.09

企业在投放前要对 ROI 进行预测：ROI =（收入 - 成本）/投入 ×100%

大多数 KOL 都同时在多个社交媒体上开设或经营账号。微博和小红书上有海量的"腰部"时尚博主非常活跃，粉丝量达到几万至 100 万人，内容以时尚穿搭和美妆类为主，通常活跃度高的都兼具个人风格，发布的内容有趣且实用。很多品牌方会直接联系这些 KOL 进行推广合作，有时候也会经过他们所属的经纪公司，或者第三方。合作的方式非常多样化，送给 KOL 产品免费穿戴、一次性的付费推广、销售佣金合作模式等，都是很常见的。

例如，某潮流配饰品牌，在从 0 到 1 的阶段通过跟微博上的时尚穿搭类博主合作，在半年内获得了第一波精准的种子用户。

那如何合作呢？首先，初创公司不管有没有钱，在还没有种子用户的阶段，都不适合砸钱以用户量为目标，而是一定要精准定位种子用户。应该从两方面入手去研究，一方面研究这些 KOL 目前跟其他品牌的合作形式和费用，另一方面分析目前新媒体内容和营销方式、手段的趋势是什么。从这两点思考，去找机会点，实现差异化。

之后，品牌方发现这些时尚博主已经跟很多服装美妆类的品牌有合作，但与配饰品牌的合作不多；同时，短视频内容是一个趋势，很多 Ins 时尚博主都会定期做 VLOG 短视频，推荐自己的穿搭，时间从半分钟到三、五分钟不等，而这个在国内刚开始流行。于是，品牌方决定从这两点出发，为约 10 个时尚博主长期免费提供配饰，同时约定了半年内产生多条短视频内容的打包价格。

在半年时间内，时尚博主从 10 个扩散到 100 个，品牌积累了第一波种子用户，同时获得了可观的销量。

在用户增长的阶段，企业采用 KOL 网红达人的策略还要注意以下 7 个方面。

（1）初创公司一定要找定位精准的 KOL 合作，粉丝量不是最核心的。

（2）投放的社交媒体渠道是否适合品牌的定位和品类非常重要，同一个 KOL 在不同平台的投放效果可能是千差万别的。

（3）用心做好符合品牌调性、有人情味的内容，是长期积累粉丝和树立品牌形象的基础。

（4）要深入了解时尚博主 KOL 的风格和喜好，了解他们擅长的内容、品类或风格，找到双方的契合点。

（5）前期的沟通非常重要，因为大多数时尚博主的分享是个体行为，即使签了经纪公司或有团队，他们大都希望持续产生好的内容，在粉丝心中建立口碑。因此，品牌理念和产品风格需要真正得到时尚博主 KOL 及其粉丝的认同，才能实现共赢。

（6）粉丝人群与品牌用户画像必须吻合。初创品牌前期广告投放一定是为了找精准的种子用户，而不是海量用户，因此，如果一个时尚博主的粉丝以大学生为主，而品牌的用户画像定位在年轻白领，很可能投放的结果是转化达不到预期。

（7）形成拉新的闭环。每次广告投放的目的都不是一次性的，企业要提前研究和规划好让用户留存的方案。比如，微信小程序的体验比微店快捷便利很多，但有即用即走的属性，所以在通过小程序产生交易时，可以鼓励用户关注和加入社群，或建立成长福利机制，让用户继续使用小程序。

三、内容营销的力量

美国内容营销协会（Content Marketing Institute）将内容营销定义为"一种通过生产发布有价值的、与目标人群有关联的、持续的内容来吸引目标人群，改变或强化目标人群的行为，以产生商业转化为目的的营销方式"。从这个定义中可以找出的关键词有"价值""关联""持续""吸引""改变"

“转化”，也就是“要持续地制造出与品牌和用户有关联的、有价值的、有影响力的内容，来改变目标人群，从而达到商业转化的目的”。

内容营销的主要目的就是对用户进行流量吸引、潜在培养和商业转化。流量吸引是通过内容中的链接让用户产生流量的回流；潜在培养就是通过让品牌不断地出现，达到建立潜在用户心智的目的；商业转化就是注册成为品牌会员等转化的能力。

随着移动技术的进步，内容形式可以有纯文字、纯图片、长图文、海报、GIF、视频、音频等；展现形式有新闻、论述、场景等类型；渠道除了主流的微博、微信和抖音等以外，还有问答类、直播类、自媒体、音频类渠道。

在实际的运用中，笔者总结了一些经验向大家分享。

（1）认对人，说对话。沟通的魅力就是同样一句话，不同的表达方式会产生不同的效果，尤其是在一个没有机会解释的环境里面，所以首先要了解受众群体是谁，他们愿意或者习惯什么样的语境，做出的内容要符合大部分受众群体的阅读喜好。

（2）标题依然是很能吸引用户的一种方式，一个充满诱惑的标题是提升点击率的重要前提，但是也需要注意，“免费”“大促”等字眼总有不灵的一天，所以需要改变和创新。

一些常用的套路有：①“如何”的用法：这是一种直接的发问，可以很容易让人联想到解决方案，有需要的用户看到这样的标题很容易会产生共鸣，从而愿意去打开看个究竟，例如“如何让你告别亚健康”等。②悬念的用法：悬念利用的是用户的好奇心，通过句式的优化，产生一种可以让用户想要探究的动力，比如“原来保持完美的身材就靠这三招”等。③数字的魅力：数字是天然的说服利器，有数据的标题通常可以给用户信任感，例如“一天让你记住 1000 个单词”等。④事件营销：事件营销的关键是恰到好处，需要一定的文字组织能力，例如“《我的前半生》，你敢抢我老公，我就敢拱手相让”等。

（3）优质的图片。这是基本功，图片是最能“欺骗人”的。运营人员一定要把制作优质的图片作为长期运营的保证。优质的图片至少要满足以下几个要求：清晰度高、色彩搭配合理、色彩饱和度高（如果需要突出色彩的话）、构图合理、有意境共鸣能产生联想、性感。

（4）文章的长度。有研究表明，一篇约 1000 字的文章被主动分享的概率极高。文字量大给人一种专业的印象，但是在写作的时候需要重点突出、条理清楚，可能读者不一定能全部看完，但是最起码能读到重点内容，产生共鸣。

（5）互动，即分享。

（6）持续的内容输出。持续很重要，有一个普遍的经验叫7次定律，即从引起用户注意到用户最终下单平均需要7次反复的提醒。影响用户需要持续的内容输出和渗透。

用户招募是一项持续的、综合的、交叉的营销活动。当然，用户招募的方法不是只有以上的内容，我们需要在运营的过程中不断创新和挖掘更加有效的办法。在这个过程中，我们不但要看粉丝的数量，还需要考核第一次购买的转换率，在这些基础数据之外，我们还需要了解这些数据的后续跟踪数据，以此判断当前的方向、方法等是不是需要进行优化或被淘汰。

第三节 | 用户活跃（复购的套路）

假如你看到数据显示50%的招募注册用户是沉默用户，请相信那是事实，大量的事实证明一半的招募用户成为沉默用户是一个普遍现象。如何将用户激活是客户忠诚度计划的重要环节，也是本节的重点。

一、复购奖励计划

复购奖励计划原则上来说是一个完全基于数据化、结构化的系统工程，可能千人千面比较夸张，但是至少要做到三大策略：会员分群策略、奖励权益礼分群策略、沟通渠道分群策略。

（1）依等级分群。通过先前的设定，企业将会员分成不同的等级，从而能给不同等级的会员不同的权益礼，运营人员需要提醒会员还需要消费多少就能够升级到下一个等级，通知提醒可以由线下运营人员或结合移动端来实现。这类复购奖励计划主要基于先前会员体系的设定，所以要强化宣传会员体系中的权益礼包和积分的用处。

（2）依标签分群。根据数据的分析和模型的建设，可以大体上将会员分成价格关注型顾客、品质关注型顾客、主流顾客。针对三种类型的顾客在实行权益奖励时可以采用不同的形式，例如，对价格关注型顾客可以采用“积分 + 补贴优惠券”的形式；对品质关注型顾客可以采用“积分 + 异业权益 + 等级升舱”的形式；对主流顾客可以根据其消费喜好，采用消费单品优惠券或积分兑换券的形式。

（3）依 RFM 模型分群。该理论很实用，通过在一个时间天数的预设范围内考量三个维度——最近一次的购买、购买频率和客单价，进行会员分群，包括价值会员（忠实会员和优质会员）、机会会员和流失会员。

（4）依生命周期分群，即根据一次购买后的二次购买、三次购买以及邻近回购的时间划分。

以上分群的方法加上不同的沟通渠道和权益，就可以组合出各种各样的复购奖励计划，当然对于一些相对长期的复购计划而言，整个计划的设计和创新也是相当重要的。

以达美乐常客计划（Piece of the Pie Reward）为例，其奖励内容如下。

（1）从常客计划的新会员里，每月抽选出25名赠送公司的10股股票。

（2）邀请常客计划的老会员在社交媒体中参加摄影大赛，表达自己对达美乐品牌比萨的热爱，从中选出50位优秀者，每人赠送一张1万美元的支票。

（3）用户免费注册，只要单笔订单超过10美元，就能获得10积分。满60积分后可以免费兑换一个中号双口味比萨。

（4）结合Apple Watch的定位功能，方便用户找到最近的达美乐比萨店，用户可以一键下单，也可以通过手表中的应用程序追踪比萨制作进度。

这个复购计划，让达美乐一年投入100万美元，股价上升60%，销量获得超过10%的增长。①

再以星巴克的星享俱乐部集赞“好礼星星”为例，其奖励内容如下。

（1）玉星等级：用户集齐16颗星星可以获得金星等级，

---

① 数据来自AdAge，载GMA-CHINA：《达美乐的品牌营销活动》，搜狐网，https：//www. sohu. com/a/121437791_ 467981。

同时获得1张饮品券。

（2）金星等级：用户集齐9颗星星可以兑换1份指定饮品或食品。

获取星星的途径有以下几种。

（1）星巴克App购买价值40元的星礼卡获得1颗星。

（2）使用专星送。

（3）门店消费50元。

提高会员活跃度和复购率需要一套有效的组合拳，需要线上、线下的持续配合，还需要结合整体的计划考虑，例如周年店庆活动、年终活动以及大型节日活动等。

二、社交化绑定

社交化中有一个很重要的声誉逻辑，微信在推出很多游戏活动的时候就是利用这一点，例如游戏排名，游戏排名对好友可见，可以激发新进入游戏的用户努力设法超过自己的好友。再如关系的重建，新用户的加入有时也能带动其好友老会员的活跃度。

三、补贴/红包

电子券已经成为消费的一部分，也是商家的重要促销手段。除了消费者熟悉的打折之外，补贴也是一种非常有用的手段。补贴和优惠的区别是，优惠是直接将优惠的内容给消费者，而补贴需要消费者先支付才能获得。补贴的极端案例，如网约车行业通过发放补贴代金券来吸引顾客，一次补贴的金额几元到几十元不等，有的时候代金券甚至让消费者不需要花钱就能享受服务。对于企业而言，起初消费补贴战略能使新兴行业快速占领市场，是一种击败对手的好方法，但是弊端也显而易见，只要补贴一停，被宠坏的消费者就会大量流失。

红包是一个相对来说比较柔性的补贴方法，在设计时可以通过一些算法分成金额不等的红包，并结合不同会员的类型，与消费相关联。同时还可设计红包合并、红包分享等多种功能，将一种促销行为变成消费者社交和情感关联的手段，不但可以提升老用户活跃度，还起到了招募新用户的作用。

四、会员日

每周为会员设计会员日是提高会员活跃度和复购率的又一手段。商家可以根据营业额的分布，在一周内找到一个营业额相对小的日子定为会员日，在这一天让会员进入线上会员特定区域，参与事先设计好的游戏，例如抽奖活动，老会员将活动分享出去还可以多获得一次抽奖机会，奖品可以是优惠券或折扣券等，当然，优惠券和折扣券是有使用的时间限制的。如果可以的话，还可以拉上异业合作伙伴一起来设计会员日，一来可以共享会员日的福利，带来流量的互换；二来可以增加会员日福利的丰富度，提高用户的参与热情。

五、异业营销

异业合作的本质就是找到互补的优势，利用双方或多方的影响力，为品牌注入新的力量，各取所需，达成各自目标的一个过程。这样的合作可深可浅，浅的只是相互赞助，各自拿出有价值的优惠券进行流量营销活动；深入的可以设计为品牌的等级会员权益的体验。无论哪种，都需要场景的植入和持续、有温度的推广和宣传。如果异业合作能渗透到产品或服务的层面，这样的合作就更加深入人心了。

下面来分享一个健康美食品牌新元素和线上健身品牌KEEP的合作案例。

新元素，轻食行业名牌，在全国一二线城市拥有40家门店，它是健康美食的代名词，拥有较高的人气。KEEP，健身App，拥有8000万名会员，月均活跃人数达到200万人。一个是线下的领军品牌，一个是线上的佼佼者。双方拥有一个共同的消费者属性，那就是健康，基于这样的共同点产生异业合作。“Keep Fresh——打造新鲜健康的生活方式”，听上去就是一个很赞的口号。活动设计分成三个阶段。

第一阶段，客户调研，让被调研者选出10种超级喜欢的食物。

第二阶段，通过KOL直播，和餐厅厨师长共同DIY套餐，并由KEEP的用户进行投票，选出最受用户喜欢的套餐。

第三阶段，双方进行曝光宣传，将选出的套餐进行各种会员营销活动，让KEEP的用户能得到这些套餐的优惠。

接下来，KEEP在内部App设计了一个和运动消耗卡路里相关的游戏化优惠机制：消耗300kcal的会员将获得该套餐的9折优惠，消耗300kcal以上的会员可以获得套餐的7折优惠。

最后的效果是，活动获得了1500万人次的曝光，合作双方会员的招募获得同期3倍的效果，新元素套餐的销量达到同期的7.5倍，KEEP的线上活跃度增长了1.5倍。

在这个案例中可以看到互联网的活动设计思维，互动、分享、移动化、奖励等，同时最重要的是让线上的流量深入线下场景，而线下的场景实现高质量的线上活动曝光和转换。

六、游戏化营销设计

前面已经讲到移动互联网需要游戏化的思维方式，在设计营销活动的时候都应该加入游戏化思维。这里举例说明游戏化会员营销设计。

1. 抽奖

抽奖是商家常用的一种方式，主要是利用人们的博彩心理，通过奖项的诱惑来刺激用户参与的一种游戏形式。这类游戏可以通过设定中奖比例来对营销成本进行控制，成本高到一辆车，低到一张5元的优惠券。可以采用积分的抽奖形式，一来模糊积分价值，二来增加玩手资格，既把游戏变得有趣，又增加了一点小门槛。

抽奖的形式有转盘、摇一摇、数字框、吹福袋等，形式千变万化，但背后的逻辑都是一样的。

以肯德基的“喊WOW有惊喜”活动为例，游戏规则设计如下。

（1）用户在活动页面喊WOW，即可获得WOW能量，能量越大，所获得的分值越高。

（2）用户需分享活动页面并邀请好友一起参与，好友喊WOW所获的WOW能量将累积到该用户的账户中，每个微信账户限帮喊一次。

（3）用户累计分值达到要求后，即可兑换相应奖品，每个用户只有1次兑奖机会。

2. 砍价

砍价是一种利用社交圈的游戏化营销活动设计。购买者把商品砍价链接发给好友或分享至朋友圈，好友帮购买者砍价，砍价金额几元到几百元不等。砍价和拼团的逻辑很类似。

砍价的游戏规则示例如下。发起人通过邀请好友来进行砍价，在好友助力下将原价为 35 元的“满 99 减 50 满减券”砍至 0 元，即可免费领取；同时，好友也能参与活动，发起新一轮的砍价邀请。

这就是一种裂变营销手段，通过一对多邀请好友，使好友参与活动，再邀请好友的好友，实现裂变式传播的效果。一次成功的砍价活动的转化率可达到 60% 以上，即每 10 个分享出去的链接，就有 6 个新用户参与活动。

3. 微信群

微信群并不是一个新鲜的玩意，从早期的 BBS 论坛形式，到 QQ 群、微社区，再到如今的微信群，其核心没有改变，都是通过社群的形式将用户圈起来，从而达到容易沟通和获得商业利益的目的。那么，如今的微信群应该如何运营呢？下面从微信群的管理和变现两个方面来说说微信群。

既然微信群是一个社群，那么就是一个“组织”，组织就应该有一个组织该有的样子。所以在设立微信群的时候需要考虑的是该群的定位、名称、宗旨、规则、欢迎词等，当然最重要的是给它起一个有感染力的名字。这些想好了之后，就要确定组织结构和分工了，通常分为几种角色：群主、核心主力、潜在核心主力、开拓者、参与者和付费者。

显然，群主是重要的角色，不但要成为意见领袖，而且要能成为该群的灵魂人物。群主需要具备处处“无中生有”、时时“恩泽四方”的优秀特质。其次是核心主力，这个角色可能需要 2 ~ 3 人，可以是高忠诚的用户，也可以是工作人员，其主要的工作是“帮腔”，在群里难免会出现意见相左的情况，而群主有的时候不方便出面，这个时候就是核心主力出场的时候，帮助群主观察、监督和处理日常事务。潜在核心主力是具有核心潜质的个人，他们可能是下一轮裂变的新生驱动力量。开拓者需要做的事情就是不断地拉新人入群，微信群是有人数限制的，要为不同类型的用户建立不同的微信群，例如 VIP 群、新人群或种子测试群等。

当我们把前期的准备工作做好之后，就应该启动每天的微信群的工作了。每当有新人进来工作人员都应该打招呼，要让每一位新人都感觉到群的温暖和对其的尊重。当然，欢迎词可以不用每次都发，可以一天统一发一次，并且需要不断地强化该群的宗旨，什么是提倡的，什么是禁止的，因为这是一个社区，要尽量做到尊重群内每一个人。

在日常微信群的运营过程中有几个必杀技，那就是红包、礼物、抢拍、抽奖。这些是“法宝”，当然光有这些是不够的，一个运营良好的群不能仅仅靠这些维系。在经过调研之后，笔者发现了一些规律。

(1) 系列文案。要预先做出一系列高质量的文案，让用户可以在这些文案中获得美感、知识和价值。这是我们之前所说的内容营销，内容可以是产品的使用技巧，季节性的话题，与生活、情感、时事等相关联的话题。好的文案可以使读者产生信任，放大其欲望。做好这部分工作是提高复购率和裂变的保证。

(2) 鼓励参与者产生 UGC。口碑的力量是巨大的，这在前文中已经讲过。如果用户有意愿将自己使用后的心得和感受分享到群里，那是一股巨大的无形力量，通俗地说就是“很带货”。但是在实际的操作中，需要核心主力和潜在主力的推波助澜，由他们开始不断收集用户体验，并结合自身体验形成文案，鼓励和带动其他用户一起行动起来，营造出分享的氛围。同时还可以进行分享评比并给予奖励。

(3) 测评。这种方法也是很奏效的，新品推出需要得到大家的反馈，商家可以提供免费或有条件免费尝鲜，一段时间后再推出尝鲜价格或优惠购买链接等。通常限量促销商品也可以采用这样的方法。

（4）订阅。这是在微信群里面比较有用的一种模式，现代人越来越没有时间，什么事情都希望是被安排好的。消费者越“懒”，商家就越有商机。所以这种订阅模式很适合这样的时代，同时也很适合在微信群中实现。微信群能实时地让用户和品牌接触，可以很好地消除陌生感。

笔者总结了 18 字妙诀，跟读者共勉：功课做足做长、持续价值输出、学会发动群众。

第四节 用户留存（减少流失）

用户的流失问题其实和很多因素是有关系的，可以分成三大类：第一类是偶发的消费，第二类是竞争被转移，第三类是不可抗力因素。这里我们着重谈谈前两种类型的用户流失。其实，大量的用户流失对前期的招募工作是一种打击，毕竟获得一个新用户的成本是维护一个满意客户的 5 倍。

如今的消费市场变得越来越多元化，消费者的选择越来越多，用户的留存问题也变得相当复杂。但用户留存问题从本质上来说还是“商品”的问题。有这样一个故事，某航空公司打算邀请忠实的客户参加老客户答谢会，其中一位世界 500 强企业的中国区 CEO 回复邮件说：“我是不可能参加活动的。”该航空公司很是震惊，为了了解情况，市场部打电话询问，最后才知道，该 CEO 经常最早出门，最晚回家，只能选择这个航班。该航空公司拿不到好的航线，反而满足了某些群体在时间上的需求。当然，这是一个特例，但这个故事说明了两个问题：第一，忠诚有时和满意没有关系；第二，企业提供的产品和服务才是用户留存的第一原动力。

对产品和服务的讨论用再多的篇幅也不嫌多，可以说的道理很多，如商品生命周期问题、核心用户群体的定位、品牌定位、商业模式、售后问题、线下和线上购物体验的问题等，这些关系到品牌设计、商业逻辑、业务运营等诸多方面的思考和优化，那么，用户管理能为用户的留存带来什么样的思考呢？

“没有调研就没有发言权”，在这个过程中，多数人会凭借一己之力，用以往的经验来做一些判断，但是，现在的消费群体不是我们想象中的样子，就好像当我们还以为 OPPO 和 vivo 只是停留在三、四线城市的品牌时，一份报告显示这两个品牌在一、二线城市的增长率达到惊人的 3000%。

一位大型餐饮集团的会员负责人曾问我，为什么现在免费赠送最高等级会员卡给目标客户，客户表现得如此冷淡，100 个客户中只有 30 多个接受。我问他最高等级会员卡提供什么服务，他答，就是折扣。通过分析数据发现，这 100 个客户中大部分是品质客户，对价格敏感度不高，这类客户最大的需求是希望能得到优质的服务和差异化的权益体验。所以，用户流失的问题是一个系列问题，要从多方面考虑。这里所讲的流失不仅仅指线上的用户流失，也包含了线下的用户流失。本书介绍了一些思路和方法，供读者思考并在实际中灵活运用。

接下来从五个阶段谈一谈用户流失的解决之道，即用户流失信息收集、用户流失调研方案、结果分析、如何防止用户继续流失和如何召回流失用户。

第一阶段，用户流失信息收集。

企业需要做一次内外部在用户流失上的信息收集，这方面工作可以帮助企业比较全面、客观地制定研究方案。从内部信息的收集上来看，首先需要关注的是产品或消费的流失率情况，以及在近期用户流失率的变化情况。其次需要关注流失用户的类型和特点，例如用户等级、分层用户群体的分类、人口特征、用户标签等。再次需要关注流失率的变化和其他相关情况，例如季节、天气、节日等。最后需要关注内部信息的多渠道来源，产品方、一线员工、客服方、第三方平台的信息来源。在外部信息收集上，主要注重的是环境的信息收集，例如政策环境的影响、竞品的环境影响、市场大环境的影响。通过一轮的初步摸底，企业可以大致了解用户流失的原因，为后续的方案打好基础。

第二阶段，用户流失调研方案。

既然是调研方案，我们需要问自己的问题就是调研的目标是什么，对象是谁，怎么来做流程，如何实施。当然，这样类型的工作有专业的咨询公司做，但是在没有充足预算的前提下，我们不妨自己来设计。

用户调研的目标通常有两种走向，也就是一个问题的两面，防止流失和换回流失，也就是首先需要找到问题在哪，然后再来想问题的解决办法。

对象的选择通常是要考虑流失用户的定义，对于线上 App 产品，就是多久没有登录的用户；对于线下，就是多久没有来消费的会员。所以，流失用户基本上是指在某个时间段内，未进行关键行为操作的群体。那么，寻找这个时间段和关键行为，可以通过经验值和数据分析的拐点来判断，如图 8－1 所示。

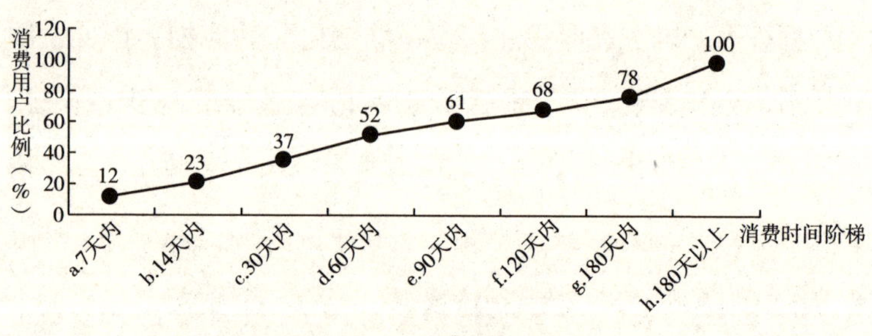

图 8－1　拐点判断案例

除此之外，还需要对用户的状态进行分析，即初次用户、新用户、老用户，如表 8－2 所示。

表 8－2　用户状态维度分析表

流失用户状态	关注点
初次用户	渠道的影响、环境的影响、产品的影响
新用户	使用上有难度没导引、产品设计有缺陷、店内体验较差
老用户	产品单一、生命周期短、产品设计缺陷、差异化竞争弱

对于流失用户状态的分析，可以帮助我们对不同状态下流失的用户进行不同的预先判断。例如，初次使用就流失的用户，往往是在前期招募的时候只关注流量，忽略了对质量的判断，所以一旦转化就没有了下文，有时还可能有大量的僵尸粉，造成了后期的用户流失。

找到了需要研究的对象后，就应该通过各种方式来触达他们，如短信、H5、邮件或电话。那么，在与流失用户沟通的过程中，需要注意的是用户的情绪释放，要让用户感到品牌对其的重视、尊重、了解和关怀，避免再一次带给用户不好的影响。

之后，就需要开始设计调研流程了。流程的设计就是从定量到定性的过程。一般来说，在前期的用户信息收集阶段，我们已大致对用户流失的情况有一定的判断，所以可以从定量的分析开始再到定性的分析，从问题的表象开始，挖掘更加深层次的问题，也就是从用户不满意的原因、导致流失的原因到未被满足的需求。

定量的分析中最大的难点是用户问卷的设计。首先，问卷要包括用户对产品、服务以及体验的不满意部分的感知，流失的原因，竞品在使用过程中的情况，接触服务产品的渠道，以及人口学特征的一些问题的设计。其次，在问题的设计上不能用直接的问法，因为有的时候用户也不一定能回答或准确描述出来不再消费的原因是什么，以及其他类似这样的问题。所以，问题的设计通常是采用引导的形式，例如，“在消费过程中，阻碍你消费的原因是什么”“你觉得在消费的时候什么地方让你最舒服”等。

定性的分析主要是通过访谈的形式来实现。访谈重要的是看主持人的功力，要通过在一个问题上不断追问来获得想要的用户反馈，所以在现场时间、节奏的控制上都是需要注意的。例如，

主持人：你不再使用这款 App 的原因是什么？

被调研者：界面不够友好。

主持人：是哪里不够友好？

被调研者：太土了，不够时尚，也不能一下找到我想要的功能。

主持人：你最想看到的是什么功能？

被调研者：会员权益，想看看入会有什么好处。

此外，我们还需要对竞品进行分析。对竞品的分析的核心是聚焦在想要深入了解的功能以及产品表层背后的逻辑上，即真实的用户需求上。

第三阶段，结果分析。

往往在这个阶段，调研者会被大量的调研信息迷惑，到底哪些应该是我们的首要问题？从两个角度来看，一是通过出现频率、用户量和专家意见来判断主要的用户流失原因和各个原因的重要性，二是找出大规模用户流失和现有用户持续流失的原因。

第四阶段，如何防止用户继续流失。

通过上述过程，我们找到了较为核心的用户流失原因。接下来需要做的事情就是进行优化，这个优化来自两个方面，一是产品层面上的，二是运营层面上的。找到了产品的优化方向，但优化过程不是一天能搞定的，所以在这个过程中，需要会员奖励营销活动来配合产品的优化过程。

另外就是设计预警机制。预警机制的设计逻辑是先找到并罗列用户流失的关键动作，然后将其乘以相应的权重，最后得到一个临界值。对于线下的用户流失，根据时间来进行衡量，例如对60天内未消费的用户报警。

第五阶段，如何召回流失用户。

一是设计唤醒奖励机制。

二是制定流失用户的召回解决方案。召回解决方案的设计一般分为召回沟通渠道以及召回的内容设计两部分。惯用的解决方案包括对象分群分组、时间设定、内容撰写、奖励设计、奖励有效期、发送时间、数据跟踪等，如表8－3所示。

表8－3　流失用户召回解决方案

沟通渠道	沟通内容
短信 微信	新品推荐 活动邀请
邮件 微信群 电话	免费试用 积分换好礼 折扣优惠 红包礼券 情怀内容 生日豪礼 ……

第五节 | 付费会员

前文中一直在强调一切以用户为中心，是的，一切以服务用户为核心的业务模式其实也可是付费会员模式的基础。想要让付费会员模式成功，需要全公司上上下下都以此为运营的目标，与此同时，付费会员商业模式的成功需要敏锐的商业洞察力。

相信大家对付费会员模式都不陌生，从亚马逊的 Prime 会员开始，大大小小的平台纷纷开始加入付费会员的行列，其中耳熟能详的有京东的 PLUS 会员、苏宁易购的 SUPER 会员、阿里巴巴的 88VIP、网易考拉的考拉黑卡等。付费会员是一种有效的锁定后续消费、挖掘沉淀成本、扩大和推广品牌的会员商业模式，当然也是减少会员流失的一种有效方法。

数据显示，在亚马逊 2017 年的年度财报中，会员费收入达到 97 亿美元，PULS 会员的评价消费额是普通会员的 4.5 倍。多么诱人的数据！但是我想说，亚马逊，我们学不会。因为我们往往看到的是优异的成绩，而忽略了实现这个结果所承受的压力和付出的努力。

亚马逊承受了多年高昂的物流成本的压力，像海底捞一样将权限下放给一线员工，免单、送菜，像宜家一样保持热狗的低价，因为它考虑的是服务用户，而不完全是成本和盈利。然而遗憾的是，在以盈利为目的的现实情况下，公司不顾用户体验或完全不理会用户需求也是常有的事情。

乔布斯说过一段话："苹果公司以前的 CEO 就把优先次序完全颠倒了，他把赚钱变成苹果公司唯一的目标，而不是用户体验，看起来两者之间只有微妙的差别，然而差之毫厘，谬以千里，所有的事情都将变得完全不同。你雇用什么样的人，提拔什么样的人，开会讨论什么等，都会变得完全不一样。"

当我们设计付费会员产品的时候，需要做到给会员一个无法拒绝的理由。亚马逊 Prime 会员费 299 元/年，主打符合目标群体——海淘客的核心需求，其核心权益是免邮。有过海淘经历的人都知道，物流费用占一件海淘商品购买成本的 50% 以上都是很正常的。亚马逊 Prime 会员的广告采用有确定性效用的做法，"全年无限次免邮"被消费者看在眼里，记在心头，并且为之动心。

从营销的角度，我们不得不提到产品的包装和支付流程。例如，“免费试用30天”可以降低用户决策成本，用户在申请免费试用30天的同时要绑定一张银行卡，试用期结束后，会员年费自动从卡里扣取或按月付费，以及共享账户、邀请人和被邀人享有同样的权益等设计，处处都以减少用户付费的阻力为目的。

站在用户角度，一个如此设计的付费会员模式的内生机制是什么?

用户价值 = （*N*次交易 × 客单价 × 有无付费会员的客单差价） − 付费会员资格费

*N*的值越大，成为付费会员的资格费用越可被忽略，因此在付费模式的机制里面，会员会出现“报复消费”的行为。

消费者都是喜新厌旧的，哪怕是付了费的会员，因此，设计付费会员产品的另一原则是时常升级会员权益，如Prime会员推出的一系列深受用户喜欢的权益：PrimeVideo、电子书服务、Prime音乐、Prime会员日等。这也是提高用户留存率的法宝，让用户时时保持新鲜感。

在付费会员模式中，还有一种订阅模式，如视频类的优酷、爱奇艺、腾讯视频，服装领域的Stitch Fix（以下简称SF）

等品牌。

SF成立于2011年，是一家美国的企业，2017年的销售额超过10亿美元，是订阅模式的代表企业。其用户操作步骤大致如下。

（1）让用户在移动端填写风格偏好问卷。

（2）选择可以收取快递的订购时间周期，例如两周一次、每月一次、每两月一次或每季度一次。

（3）挑选造型师，并收取20美元造型咨询费（如果用户完成购买，可以将咨询费抵现）。

（4）用户会定期收到SF的快递盒子，里面有5件衣服，以及搭配的方法。用户可以选择购买或退回，如果购买可以享受25%的折扣优惠；如果退回，可以申请免费物流。

订阅模式主要针对的人群是白领，即对时间价值比较敏感的群体，因为这个群体通常很忙，高效和新鲜对他们来说很重要。所以，SF的模式让用户无法拒绝的理由就是，最专业的造型师帮用户打造最适合自己的服饰搭配，用户试穿也不需要去试衣间，在家就能完成所有适配过程，省去了在挑选衣物上花费的精力，为此而付出的成本也是可以接受的。

这个模型的数据算法包括优化订单，造型师和仓库配对（值得一提的是，造型师是松散型的，大部分都为兼职，但公司也会定期组织培训和会议)，顾客、造型和款式的配对，服饰流行趋势的预判等。通过数据模型来提高 SF 的运营效能和成本的控制，给用户提供了智能高效的用户体验。

订阅模式的另一个代表是堪称美国零售传奇的 Warby Parker，靠卖“白菜价”眼镜，2018 年年销售额突破 2 亿美元，成立 5 年估值就达 12 亿美元，顺利成为独角兽。

公司的一位创始人一次在飞机上不小心弄丢了一副价值 500 美元的眼镜，他好奇眼镜为什么这么贵，于是开始研究眼镜这个市场，发现线下市场被一家公司垄断，同时眼镜的线上销售只占 1%。这让他看到了商机：是否可以在线上销售眼镜？最后，几位创始人共同创造了一种很有创意的销售体验模式：每次给消费者发送 5 副眼镜，让他们在家里免费试戴，最后只留下他们喜欢的眼镜。

2010 年 2 月 15 日，warbyparker. com 正式上线，在短短 3 个星期内，就完成了全年的销售目标。同时，很多消费者纷纷发邮件询问公司的总部在哪里，希望亲自上门试戴，于是公司决定开实体店。他们将校车变成移动商店，在不同的城市宣传，同时造访当地的社区，了解用户数据，了解哪里适合开实体店。2013 年 4 月，第一家实体店在纽约开业，如今，该公司已在美国各地开设了近百家分店。

Warby Parker 成功原因有如下几点。

（1）价格的差异化。

以 95 美元的价格切入市场，相对于美国市场的均价 500 美元来说，简直就是“白菜价”！这也类似小米公司切入国内市场的价格定位。

（2）免费试戴服务建立口碑。

提供给用户的试戴服务是完全免费的，连邮费都不需要用户承担。这样无门槛的服务加上实实在在地为用户解决了试戴的问题，使品牌快速建立了用户信任和口碑。

（3）独特的线下实体店和用户体验。

最好的交流，一定是面对面的。用户从 warbyparker. com 上线开始就提出上门试戴的需求。线上免费试戴是 Warby Parker 的核心商业模式，线下实体店的定位就是提升品牌形象和用户体验。用户可以在店里获得更好的服务和咨询，比如视力测试、眼镜维修调试等服务。

同时，每一家线下店都有独特的风格，比如复古风、地中海风、时尚潮流风等。

让用户在线下店停留的时间越长，通常平效就越高。据说，Warby Parker 平均每平方米年销售额约 20 万元，甚至超过著名珠宝品牌 Tiffany！它是怎么做到的呢？除了开设的每家店都风格迥异，让用户产生逛每家店的欲望以外，店里摆放很多有故事性的物品，比如老式游戏机和照大头贴的摄影亭子，这些会让用户在店里逗留，用户还会主动在社交媒体上分享。

（4）多元有趣和有企业使命感的营销方式。

Warby Parker 每卖出一副眼镜，都把其中的一部分营收用于慈善捐助，让发展中国家的人们以低廉的价格买到眼镜，更好地关爱眼部健康。

而在创立初期，公司买了一辆黄色校车改装成体验车，游走在美国的各个城市，让看到的人产生强烈的好奇心：卖眼镜的校车！后来，公司通过 YouTube 等社交媒体与用户保持互动、制造话题，这些都是在营销上的创新。

Warby Parker 在短短 5 年内就成为行业的独角兽，甚至在 2015 年被 *Fast Company* 杂志评选为全球最具创新力的公司之一。

这样的订阅模式我们完全可以借鉴并将其扩展到健康、旅游、理财等行业。希望越来越多的企业真正以用户为中心，抓住用户的痛点，设计更多有价值的、优质的服务和商业模式。

付费模式确实是考验一个品牌是否能真正打动用户、一切以用户为中心的模式，但是我们也要看到其中的一些不同。以 Costco 为代表的会员付费模式，其实是商品的“搬运工”，核心是控制毛利率，将商品的毛利率控制在最小的范围内以吸引消费者，通过将大量的消费者转化成付费会员达到公司盈利的目的。而亚马逊、阿里巴巴、京东等企业的核心是通过痛点服务和低门槛入会来维系会员对品牌忠诚度，从而在一段时间内获得会员客单和客频的优秀业绩，会员付费本身并不盈利。

第九章 运营赋能

第一节 组织结构赋能

在前面的章节里面，我们已经讨论了一些关于传统行业转型后的组织架构问题。组织是战略的保证，战略是指企业做什么、不做什么。当组织行为不能为企业做什么、不做什么服务的时候就会出现问题。在经历和接触过诸多企业之后，我们发现传统行业的新零售转型碰到了很多组织结构的问题，从而导致工作效率低下、相互推诿，尤其是线下运营部门和线上互联网部门之间的矛盾，以及传统的市场部门和用户运营部门之间的矛盾等问题。

处于传统线下行业互联网化转型中的企业，大多将遇到如下突如其来的变化和问题。

（1）个人性格和能力的彰显。大量的“90 后”新人涌入企业，互联网让个人的魅力和主动权不断提升，使以前组织要求的非个性化管理与现代年轻人追求的个人独特性产生矛盾，在对个人能力价值的衡量与认同方面，也给企业带来较大的挑战。

（2）数据化运营迫在眉睫。企业从信息化向数据化转变，数据化可以帮助企业决策，却导致了以经验优先的传统运营部门与数据化业务部门之间的矛盾，如何寻求转变并找到经验和数据之间的平衡，是企业在组织管理上面临的挑战。

（3）跨界的常态性。越来越多的跨界资源的融合和合作，使企业建立跨界领域的竞争力成为组织管理中的重点。

（4）动态的竞争格局。传统的竞争相对比较稳定，一个门店可能只受附近的竞争品牌的影响，而现在的竞争不仅来自线下，还有线上的、同行的、异业的，甚至是科技变革带来的竞争，多维度的动态竞争格局，给组织管理带来了新的考验。

（5）线上线下“傻傻分不清楚”。企业以往单纯线下运营的惯性，使得线上运营和线下运营一直在抢夺资源，矛盾激化。

（6）员工难考核。由于有了线上、线下的全渠道管理，企业如何制定适应各部门的考核标准，成为一个难题。

对于大多数成功的传统企业来说，是“老革命遇到了新问题”。组织是企业战略实施的保证，一方面需要具备综合能力的职业管理人员快速成长起来，另一方面需要从管理的角度优化组织结构，从而最大限度地减少公司在战略实现过程中的内耗，以应对更残酷的外围竞争。

在以用户为中心的企业管理的思路中，管理者依然要问自己做什么、怎么做和如何做的问题，战略指导企业走向何方，而管理需要做的是使之实现。

在这个过程中，我们要明确组织模式、组织策略。一家企业有再好的战略、产品和技术，最终都是需要靠人来实现的。所以，组织的设计就变得非常重要。

以孩子王为例，公司 2009 年成立，定位在母婴童行业，拥有线下门店近 200 家，门店规模 3500 ~5000 平方米，管理和销售的 SKU（库存保有单位）达到 55000 个，旗下有超过 4000 名持证育儿顾问，会员人数突破 1000 万人，全渠道运营收入超过 40 亿元，营业额的 95% 来自会员消费。这是一家不折不扣的全渠道运营的新零售企业。

1. 线下场景

孩子王充分利用线下体验互动的优势场景，在 3500 平方米的门店搭起了舞台，引进了各式各样的第三方异业资源，为会员提供增值服务，其中包含了面向 0 ~ 3 岁幼儿的早教、3 ~ 12 岁儿童的英语培训、儿童摄影、产后恢复、日常护理等多维度的母婴服务生态，借助这样的增值服务，提高了会员的到店频率，带动了店内的商品销售。同时，孩子王还将业务拓展到保险业，与国内各大保险公司合作，在线推出了针对少儿、女性及家庭的各类保险产品。

育儿顾问是个新兴的职业，孩子王的育儿顾问经过培训和考核之后上岗，主要的职责是对会员的直接管理，为会员提供一对一长期服务。育儿顾问为会员提供专业和定制化服务，她们通过微信群、App 社群、面对面交流等情感营销方式与顾客建立强关联，逐渐培养了与顾客之间的信任感，增强了顾客黏性和忠诚度，更加是培养了潜在会员。

育儿顾问的主要考核指标是其服务的会员数、活跃用户数，但她们不负责门店的销售工作，她们的业绩奖金收入与服务数量、用户活跃度、消费额等直接挂钩。

2. 线上场景

孩子王建立了自己的网上商城，利用线上无限空间的优势，深度挖掘妈妈用户的社交需求，开展线上社交，线上线下相结合，将大量的 UGC 内容在线上进行分享和传播。

为了避免线上线下“傻傻分不清楚”的局面发生，孩子王采用一套管理人员、一套管理体系，服务同一群用户、销售同一类商品的线上发展策略。

在这样的指导思想下，孩子王的组织结构是如何保障战略的顺利执行的呢？如图 9－1 所示。

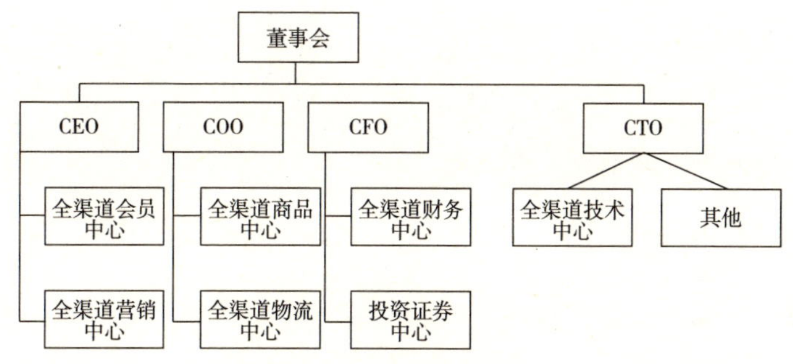

图 9－1 组织结构图

这样的组织结构不再需要区分线上和线下。而技术和数据驱动，可以为会员提供全渠道在商品、服务、娱乐、教育以及社交服务方面的落地保障，如表 9－1 所示。

表 9－1 各部门职责列表

部门	部门职责
会员中心	全渠道会员分析，模型建立、会员权益开发落地
营销中心	市场管理、营销策划落地、品牌公关、外部渠道
商品中心	全渠道选品、商品采购、商品定价、商品促销活动
技术中心	系统支持

在组织结构的设计上，有一个相当重要的理念就是，不要把分工当成分权。分工讲究的是权、责、利之间的关系，设计出为企业目标服务的有效的组织体系事关重大，如果角色不对、分工不利就会造成内耗，在当今的新零售市场，我们要警惕“摧毁”企业的内部力量。

第二节 | 全渠道赋能

新零售催生了不少全新的业态，很多都做得很成功，也很值得学习，而有的我们可能不一定学得来，因为企业线上线下融合的成功，大多依赖与生俱来的“富爸爸”提供的天然流量的优势，例如永辉超市、盒马鲜生等。当然这也不是绝对的，也有一些品牌在线上线下的全渠道管理运营上有独到之处，例如华联综超、华润 OLE 等。

新零售模式的真正意义在于全渠道优势，如图 9 – 2 所示。以盒马鲜生为例，盒马鲜生是不折不扣的新零售模式的典范，企业从一开始就带着线上线下全渠道思维的基因。顾客来到盒马鲜生的门店，就会被在头上来回穿梭的外卖商品物流链吸引，这里不但可以购买、打包，还可以堂食。顾客可能对这些或多或少会感到新奇。

图9-2 全渠道管理图

盒马鲜生是“电商+线上超市+餐饮”的一种模式，其创新之处就在于，一方面，一个生鲜超市做着零售与餐饮相结合的生意；另一方面，线上商城的订单通过门店的自动化物流体系实现到门配送，为消费者提供了良好的用户体验，提升了用户忠诚度，为企业创造了高出传统超市5倍平效的业绩。盒马鲜生是怎么做到的？笔者对其进行以下几个方面的解析。

1. 电子标签，带来运营效率

盒马鲜生线上线下的商品价格是同步的，这一切都依赖电子标签，无须过多的工作人员，就可以通过门店自动化的物流设备保证分拣效率，实现用户通过App下单，5公里30分钟送达的承诺。

顾客通过盒马鲜生App扫描线下条码能快速获取商品信

息、商品线上评价等重要消费者体验数据，帮助其做出消费决策，提升购买的愉悦感，从而增强顾客忠诚度。反过来，这些顾客行为又被记录下来，为盒马鲜生的运营管理积累了宝贵的消费者行为数据。

2. “超市+餐饮”，买了也不走

消费者在哪儿停留的时间越多，越有可能产生更多的消费。餐饮起到了一石二鸟的作用，一来延长了顾客在店内的停留时间，增强了黏性；二来餐饮的高毛利也改善了盒马鲜生的盈利结构。

3. 支付宝支付，天然会员制

在盒马鲜生，支付宝是唯一的支付工具，同时在买单的时候服务人员也会指导首次消费的顾客安装盒马鲜生 App，并且注册成为会员。通过打通支付环节，让线上线下一体化，不但可以共享线上数据，同时也能将线下的数据向线上引流。这些支付数据的打通，真正实现了对消费者消费行为的洞察，将其消费偏好、交易行为等数据形成大数据，处理分析后获得更多的在广告、营销等其他方面的价值。

据不完全数据统计，盒马鲜生部分门店已经实现了线上、线下销售额 1∶1 的营利性结构。作为新零售的典型代表，盒马鲜生确实给很多传统行业树立了转型标杆和榜样，但是在实际的运营上，每个企业的情况不同，资源不一样，对人、货、场的管理，一个都不能少。新零售时代对每个企业提出了更高的要求，所有的技术手段的应用都是以企业能为消费者或用户提供优质的用户体验为目的，只有这样，才能让生意越做越长久。

呈现

04

第四部分

第十章 CRM 系统也在变

第一节 CRM 系统在互联网环境下的变革

相比于 MRP（物资需求计划）/ERP 系统等管理理念，CRM 客户关系管理系统的历史较短，发展也更为迅速。2000 年前后，客户关系管理的概念传入中国，并在中国电信等大型企业中开展应用尝试。当时的 CRM 系统也从简单的客户联系信息管理软件逐渐演变为以 C/S（服务器 – 客户机）结构为主流架构的系统化应用，即在各销售或服务代表的机器上安装一个特定的客户端，服务器端布置一套处理各类客户端业务请求的程序，两者共同协作完成 CRM 系统业务功能。随后，C/S 结构的系统由于升级成本高、部署复杂等原因逐渐被 B/S（浏览器 – 服务器）结构所取代。

从 CRM 系统的发展历史可以获知，客户关系管理业务是从管理客户信息演变而来，然后逐步拓展的。因此，传统的系统也是以客户管理为基础，通常具备销售、营销、服务、客户忠诚度等常用模块，这些也是企业与客户关系中的主要业务范畴。传统的 CRM 系统具有以下几个特点，如图 10－1 所示。

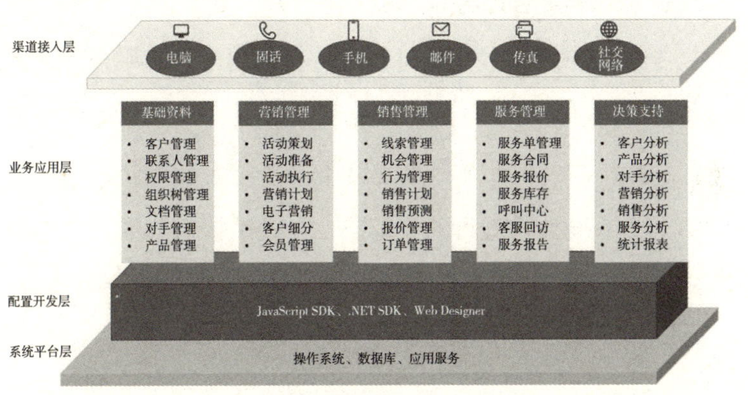

图 10－1　传统 CRM 系统功能架构框架

1. 注重内部流程管理

CRM 系统的本质是一个企业的管理平台，因此更为注重内部流程的实现。特别是在销售管理、客户主数据管理等领域，系统功能会以流程为主导实现。而成熟的销售漏斗等理论也让大量 2B 企业在 CRM 系统实施后获得了不小的收益。

2. 客户互动渠道有限

相比于现在，以前企业与客户交互的渠道比较有限，通常包括门店、电话等渠道，发短信及邮件已经算是较为科技化的方式了。而如今，短信和邮件已经被认为是非常低效的渠道，更多的 CRM 系统会选择在微信公众号、小程序、App 等数字化渠道投放。

3. 独立部署占比高

传统 CRM 系统的定位是基于流程的内部管理平台，通常也具备边界较为明确的功能模块，因此形成了一个独立的管理平台。此外，因对云服务接受度不高，企业大部分会选择将 CRM 系统在企业内进行独立部署，并通过接口或数据复制的方式进行有限的数据交互。

第二节 互联网的技术发展带来的变革

互联网的发展对 CRM 系统影响巨大，这些影响不仅是前文中所描述的业务场景和客户行为的变化，互联网的技术变革使 CRM 系统建设产生了与传统方式完全不同的思考角度和实现方式。令人欣喜的是，互联网对 CRM 系统的影响不再像以前传统管理理念由西方向东方单向输出，而是也受到了如阿里巴巴、腾讯等国内互联网领先企业的理念熏陶。总结来说，这些影响可以分成以下 3 点。

一、SaaS 模式的影响

其实早在多年以前，CRM 业界就已经出现了 SaaS 模式的软件产品，打起云化概念大旗的毫无疑问是 Salesforce 公司。其创始人当初从 Oracle（甲骨文公司）离职之后洞察先机，在云服务概念尚未普及时便推出了基于云服务的 CRM 系统，以软件即服务的概念横空出世，颠覆了当时以私有化部署为主流的行业模式。不仅如此，Salesforce 公司随后还推出了 AppExchange 平台，向全世界所有的 Salesforce 开发人员销售自己开发的第三方独立模块，从而获得更多的软件客户，使更多的开发人员加入Salesforce的怀抱，构建良好的软件生态环境。据说，Salesforce 公司的创始人也给乔布斯介绍了这样的生态环境，而这一方式随后也被苹果采用，就有了现在家喻户晓的 App Store。云服务被国内广泛接受还是在 2014 年以后，伴随着国内众多云服务 CRM 厂商的崛起，目前 SaaS 模式的 CRM 产品已经占据行业的半壁江山。

二、中台架构思维的影响

以阿里巴巴、腾讯为代表的中国互联网企业在过去的 10 年中建立起庞大的商业帝国，支撑其海量业务的不可忽视的力量之一便是世界级的软件系统。在去 IOE[①] 之后，阿里巴巴依靠开源社区以及自身强大的研发能力，打造出一套业界领先的

---

① 阿里巴巴提出的概念，即在其工厂架构中，去掉 IBM 的小型机、Oracle 数据库、EMC 存储设备。

IT 架构，并向业界输出了这些优秀的 IT 架构及建设思路，中台架构思维便是其中之一。所谓中台架构思维，就是将企业内的系统分成前、中、后台 3 层，将通用性比较强、可共享化的服务放在中台，并以厚平台、薄应用的方式构建灵活多变的业务系统。以阿里巴巴为例，前台代表着各种个性化的业务系统，如淘宝、天猫、口碑等；中台代表着支撑前台业务的各种平台服务单元，如用户中心、商品中心等。这些中台单元具备一定的通用性，可为前台各业务单元提供共享服务，比如用户中心，淘宝和天猫都有用户管理的需求，且两者的需求大体相似，因此将用户中心放在中台进行建设，不仅避免了前台重复造车的资源浪费，也缩短了其他需要具备用户中心模块的业务系统建设的周期。当中台架构战略成为目前企业系统建设的主流架构之后，客户管理、促销管理、忠诚度管理等原先封闭在 CRM 系统中的功能模块逐渐成为企业的业务中台，是贯穿企业营销服务体系的重点业务，而不仅仅是某个业务系统内的单一功能组件。因此，现在的 CRM 系统建设已经不再只是一套独立系统的搭建，而是需要考虑到整个企业共享服务的中台架构系统，对其业务的承载能力、系统性能及扩展能力都提出了更高的要求，如图 10 - 2 所示。

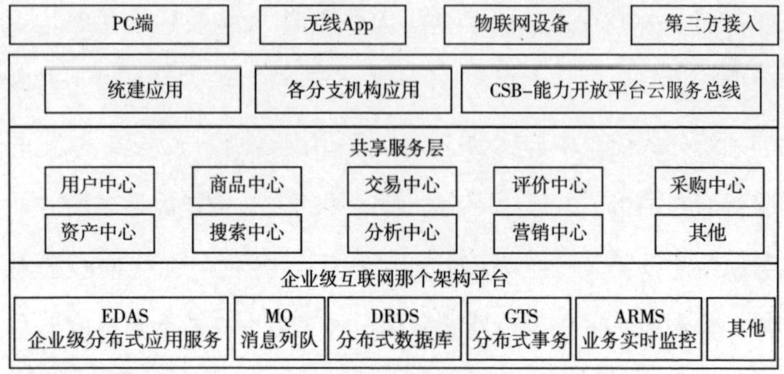

图 10－2　阿里云企业互联网共享中台服务体系

资料来源：周永良：《工业互联网助力企业数字化转型》，云栖大会南京峰会，2018。

三、客户线上行为的影响

如果说早年的 CRM 系统更注重客户管理业务流程的管控，那当前互联网时代下的 CRM 系统就离不开对于客户线上行为的捕捉、分析及应用，也因此衍生了 SCRM 系统的概念。早期的 SCRM 系统更关注客户标签以及在社交媒体上的影响力。当几年前微博火的时候，SCRM 系统在接入微博的时候更关注用户的影响力及关系网络，也需要对应的功能模块进行支撑。而现在，微信服务号担当起了客户沟通的重任，同时由于微信属于强关系社交平台，受限于腾讯对数据管控及开放平台接口的限制，当前的 SCRM 系统则更注重与客户之间建立社交平台上的沟通渠道，并且提升在这些渠道上与客户沟通或触达客户的效率。除此之外，客户在社交媒体之外的其他数字化渠道所留下的信息也成为 SCRM 系统关注的焦点之一，分析客户在网站、微信以及小程序上的互动数据，为进一步进行精准营销打下了扎实的基础。因此，原先的分析型 CRM 系统模块也从动态化的报表系统被逐步替换成大数据平台。

第十一章 重新设计 CRM 系统

第一节 是否既恨杀熟，又想着杀熟

如何设计变革环境下的 CRM 系统？上一章介绍了互联网变革给 CRM 系统带来的影响，那如何在这些变革的潮流下设计符合未来业务发展的 CRM 系统平台呢？这样的设计必须以公司的业务实际为前提，在此基础上考虑新时代的变革，抓住这些变革点，帮助企业获得更忠诚的客户资源，提升销售。然而，毕竟每个企业实际情况不同，变革点不同，变革的程度也不同，因此这里并没有一个标准的答案。本书将这些创新变革点归结为“四化”，并基于“四化”的实际案例，给出 CRM 系统设计的思考点，供读者参考。

一、杀熟

客户关系的经营离不开对客户需求的洞察，通过客户最偏爱的渠道给予目标客户最偏爱的产品及服务，是保持客户满意及忠诚的不二法门。前阵子某在线旅游平台的“杀熟”定价引起不小的争议，该平台的一位忠实用户打算趁节日带女朋友出游，当他查询完机票价格发现手机没电了，于是他让其女朋友下单订票。然而，他的女朋友查询时发现，同样的航班、同样的舱位，票价比他查询的要低 30 元。

虽然从客户体验上来说，这是一个杀熟案例；但从技术角度来说，该在线平台系统真正做到了客户差异化细分及精准化定价：依靠后台大数据对客户历史行为的分析及判断，给客户打上各种类型的标签，而前台和中台则根据这些标签推送服务及产品，包括差异化定价。

当然，客户标签在 CRM 系统领域内已经不算是一个新鲜的尝试了，但是要做到将标签打得精准，并且能应用于具体的营销活动，实现个性化，却不是一件容易的事情。在系统设计层面，需要将 CRM 系统与大数据结合在一起，通过大数据自动给客户标记特征，而这些特征的获取也离不开前期对于客户特征的梳理以及对具体应用场景的设计。

二、数字化

如果说过去的 10 年是线下转向线上发展的黄金时代，那接下来则必将是线上回归到线下的时间。阿里巴巴新零售的代表盒马鲜生已经在各地开花，京东的 7FRESH 也在各大城市攻城拔寨，互联网巨头已经将战场燃烧至门店。那么，企业如何让 CRM 系统赋能门店呢？曾经，我们一谈到门店就感觉管理失控、销售人员不听指挥、难以驱动，这些问题在数字化的浪潮下又能如何解决呢？新技术的发展已经给出了部分答案。

一是人脸识别。通过在门店布置人脸识别摄像头的方式来捕捉客户到店的信息。当客户首次到店时，人脸识别系统将创建客户人脸记录，并上传至后台服务器；如果系统识别出是老客户的话，则可以提醒销售顾问及时接待，或记录客户多次到店的事实。尤其在汽车或奢侈品等高客单价的场景下，第一时间识别客户，并有专业的 1 对 1 接待人员上前问候，可以体现出高于同行的服务标准，营造与众不同的尊贵体验。同时，如果人脸识别系统能够以跨门店、跨区域的方式运作，可以更精准地评估客户意向，具有更强的时效性及有效性。

二是客户动线。通过门店内的摄像头可以识别客户在门店内的游走路线，识别客户对门店内的哪些商品更感兴趣。同时，大量客户的动线叠加之后，便可以生成门店的动线热力图，管理者从中不难发现热点区域及热点商品，从而指导门店销售。

三是门店的其他数字化设备，比如 VR（虚拟现实）/AR（增强现实）。这些互动设备提供给客户更多的商品属性选项，在客户体验商品的过程中收集客户的偏好及互动时长。这些互动数据可以为后续即时销售或精准营销打下数据基础。

现在已经有不少实体门店引入了人脸识别的设备，能够捕捉客户到店的信息。然而，这些设备大多是单独部署，或是没有和后端的 CRM 系统联系起来，或是相互之间没有很好地集成，因此使用效果还有待进一步提升。而数字化互动设备的集成能力及数据捕获分析能力是未来门店数字化 CRM 系统的发展重点。

三、客户互动体验

客服作为连接企业与客户最重要的渠道之一，近年来沟通方式已经从传统的呼叫中心转变为全渠道，包括微信、微博、论坛、官网等。大部分企业的客服运营侧重点在于兼顾客户体验和降低成本，也因此引入了大量的聊天机器人以减少客服座席数量。这些机器人客服在处理简单问题时能够做到准确，而面对真实问题时仍显稚嫩，当客户想要转接人工客服时面临无法找到入口的问题，或漫长的等待，这无疑不利于客户体验。为了解决这样的问题，企业需要通过智能化的方式来深度理解客户需求，匹配相应的答案，呈现在客户面前。应用当前的知识图谱以及机器人深度学习技术，可以大幅提升客户语义理解能力，从而提升机器人处理复杂问题的能力，在降低客服成本的同时提升客户体验。结合客户标签及大数据，还可以在服务过程中向客户推荐合适的产品及服务，将客服中心由成本中心向营利中心转变。

除此之外，随着人工智能的不断发展，其在 CRM 系统领域的应用也逐步深入，并且不断提高企业效率，帮助企业提高客户关系管理能力，例如，通过语音识别提升销售查询或录入客户数据的效率，通过图像识别处理客户表单数据，通过预测发掘客户的潜在需求等。

第二节 | 关于 CRM 系统实现方式的思考

CRM 系统项目的实施是一个十分复杂的过程，涉及的不仅是系统的建设，还包括业务流程的改变、人员职责及工作内容的调整，甚至组织架构的变革。因此，实施 CRM 系统项目必须要获得企业高层的理解和支持。而要获得企业高层的支持，就必须把整个 CRM 系统的价值收益、项目成本、项目周期及影响表达清楚。当然，相比于多年前，现在 CRM 系统的理念已经被企业管理人员广泛接受，因而也减少了很多 CRM 系统理念导入的成本。在获得了高层的支持之后，便是 CRM 系统项目实施的阶段，在此我们主要谈 CRM 系统建设方案的选择。

要确定 CRM 系统的建设方式，第一步是了解公司自身的业务目标，确认当前 CRM 系统所要解决的核心问题是什么：

是要提升公司面向 B 端的销售能力，还是提升 C 端的营销活动的效率？是要促进客户忠诚，还是要改善客户体验？不同的业务目标将决定后续 CRM 系统的主要模块、对接的上下游业务系统以及相关的业务变革。早在多年以前，GartnerGroup 公司已经改变了对 CRM 系统产品的评价方式，不再将所有模块集成在一起来评价一个 CRM 系统产品的优劣，而是根据不同的 CRM 系统领域来评价不同厂商的产品所处的产品象限及位置。其实这也代表 CRM 系统各领域的发展已经进入更精细化的阶段，每个不同的 CRM 系统业务领域目标都可能代表不同的系统建设路径。

第二步是分析公司当前的技术环境。CRM 系统不是一个独立的管理平台，随着互联网的深入及大数据的发展，CRM 系统成为一个定位于中台的组件，是需要与企业其他业务系统进行深度集成的平台。因此，公司当前的技术环境在很大程度上决定了未来新系统的选择方向。这里的技术环境包括但不限于企业的技术开发能力、与 CRM 相关系统的开发语言、自研的平台或外购的产品、数据安全的要求等。

第三步是根据此前的分析结果来决定 CRM 系统的建设方式。如前文所述，当前 CRM 系统的主要实现方式包括系统研发或成熟套装产品两种。如果是研发，则需要确认是由公司现有资源自行研发，还是外包给第三方公司开发；如果是选择成熟产品，那仍需要确认是选择公有云平台部署的产品，还是在本公司内私有化部署的产品。

企业在决定 CRM 系统建设方式的时候，应结合业务目标及技术环境，选择最适合企业的 CRM 系统。以下是在决策 CRM 系统建设方式时通常需要考虑的因素。

1. 整体拥有成本

无论是研发新系统还是购买外部的成熟产品，整体拥有成本是选型时必须要考虑的问题。整体拥有成本通常包括软件初期建设成本、硬件服务器成本、后续年度维保费用等。一般来说，新开发一套软件的初期成本的主要构成是开发人员的成本，购买成熟产品的初期成本则包含软件产品的费用及相应定制化服务的实施成本。目前，按年收费 SaaS 服务类产品的初期投入普遍较低，但按使用年限累计计算之后，也有可能会高于开发类的建设成本。值得关注的是，购买成熟产品时需要考虑该产品的生命周期，如果产品已经处于衰退期，可能购买的成本较低，但后续运维成本将会非常高，不仅后期市场上懂得该产品技术的人才难觅踪影，一旦出现问题之后的解决时效也将会是一个挑战。

2. 项目实施周期

受互联网文化的影响，项目实施周期对于公司来说也是非常重要的。市场机会转瞬即逝，管理层对于项目上线的时间相较以前也有了更高的要求。以前选择成熟产品的实施周期一般会优于全新开发的方式，而随着 MVP 以及敏捷开发模式的推广，研发与购买成熟产品的实施周期差距越来越小。如果是大型的 CRM 系统项目，通常其个性化的需求也会较多，即使选择了成熟产品，仍避免不了一定程度的二次开发，从而延长了项目实施周期。如果选择云端产品，其实施周期相对较短，但也代表着可定制化的程度受到一定的影响。

3. 技术匹配度

技术匹配度从 CRM 系统项目业务方的角度来看是个黑盒，感知度较低，但对于技术部门的负责人来说，则是不得不考虑的问题。作为业务核心系统之一的 CRM 系统，是否和公司现有的技术框架一致、开发语言是否相同，直接决定了后续软件平台的管理成本。使用不同的技术框架可能意味着公司的运维流程需要做出相应调整，系统监控需要额外的投入，不同的开发语言代表着公司又多了一组不同技术类别的开发团队，也额外提升了人员管理及技术管理的复杂度。

4. 数据安全

数据安全是基于云平台的产品无法规避的问题。事实上，外资企业提供公有云服务最主要的问题在于难以获得数据中心等电信业务增值牌。根据《外商投资电信企业管理规定》，经营增值电信业务（包括基础电信业务中的无线寻呼业务）的外商投资电信企业的外方投资者在企业中的出资比例，最终不得超过 50%。这意味着国外软件企业需在国内成立合资公司，才能将其产品部署在国内的云服务器上。而在实际执行中，即使是合资公司，能获取此类牌照的也只是国内的互联网中心服务企业，且屈指可数。而一旦数据放在国外的服务器上，其访问速度和效率势必受到影响，数据安全也存在隐患。

第十二章 | 指标

第一节 | 不能不知道的 CRM 系统分析指标

评估 CRM 系统的实施效果，最好的方法就是看业务核心指标对比实施之前是否有明显的增长。在互联网时代，CRM 系统的业务核心指标也较以往更为丰富。

首先，让我们先来看一下“互联网的黄金公式”：

企业收入 = 流量 × 转化率 × 客单价。

企业所有的经营行为，都是为了提升等式右边三个参数指标，任何一个参数的变动，都会影响企业的最终收入。其中，流量参数可以分为新客户流量及老客户流量两个部分，相应的转化率也可以分为新客转化率及老客转化率，客单价也可以做相应的分类，因此，“互联网的黄金公式”也可以相应地调整为：

企业收入 = 新客收入 + 老客收入，

企业收入=新客流量×新客转化率×新客客单价+老客流量×老客转化率×老客客单价。

新客部分的新客流量乘以新客转化率的结果即新客数，而老客流量可以等同于老客数量乘以老客活跃度，公式则可以变成：

企业收入=新客数×新客客单价+老客数×活跃度×老客转化率×老客客单价。

因此，对于客户关系管理而言，公式右侧的各个变量也就成为直接分析指标，即新客数、新客客单价、老客数、活跃度、老客转化率以及老客客单价。这里的老客数和新客数相关，新客购买之后也就成了老客，因此，关注点应更多地放在新客数上。活跃度乘以老客转化率的结果是复购率，通常也会将此指标作为老客分析的核心指标。

客户关系管理的业务工作，则可以分为拉新、促活、提客单。拉新是为了增加公式右半部分的总量，同时也扩大企业的客户基盘；促活是为了提升老客活跃度，提升老客的销售转化；提升客单价则可以同时提升新老客户两部分的收入。

从指标分析的角度来看，我们需要确定分析的对象以及分析的维度，指标对象已经在上文中列出，分析维度则需要结合实际情况，从时间、渠道、商品、促销等多种角度分析这些指标，同时配合同比、环比的对比，更精确地评估客户关系管理工作的效果。

其次，我们还需要关注客户管理中的态度类指标。前文表述的分析指标主要是与销售或者客户数量相关的结果性指标，分析结果性的指标能够让我们非常直接地得出销售收入变化的关键点，如比较两个时段内的销售额，若某一年提升较为明显，可以进一步分析收入增长的原因，或是客单价提高，或是转化率提高等。然而，这些结果性的指标无法告诉我们变量变化背后的原因是什么，我们还需要结合其他的指标分析。在客户关系管理的范畴中，这些指标包括客户满意度以及客户净推荐值 NPS。

客户满意度代表客户整体对企业的认可程度。客户满意度得分高会带来更多正向的转化率和活跃度，也会促进客户忠诚度提升。当然，影响客户满意度指标的因素也非常多，包括产品质量、服务水平、价格以及环境等一种或多种因素，具体在实践中需要细分分析。

客户净推荐值 NPS 是客户忠诚度领域中的一个重要指标，是一种计量某个客户将会向其他人推荐某个企业或服务可能性的指数。

净推荐值（NPS）=（推荐者数/总样本数）×100% –

（贬损者数/总样本数）×100%。

通常，能够获取净推荐值的问题非常直接：“您是否愿意将公司的产品推荐给您的朋友或同事?”净推荐值是客户满意度指标的衍生，也是客户满意度真实性的衡量指标。客户满意不代表他会将产品及服务推荐给身边的亲戚朋友；而如果客户愿意进行推荐，那代表他一定对公司的产品及服务满意。

这两个指标的结合，可以使企业比较立体地获知客户对企业及其产品、服务的态度。当然，结果类的指标不仅和客户的态度相关，还受其他诸多因素的影响，比如价格。

再次，客户管理分析还包括其他一些常用的分析指标，比如客户细分的 FRM 指标、客户服务领域的服务水平等。

指标的设定及管理，其目的还是在于解决客户关系管理中的问题，企业并不一定要拘泥于某些固定的指标进行分析，而是要根据企业当前的状况进行变通，发现问题根本。同时，在实施某个 CRM 系统项目之后，不可能一蹴而就完成所有 CRM 系统相关指标的整体提升，需要结合整个项目的目标及范围，合理设定管理指标。指标数量也不是越多越好，仍然要遵循简洁有效的原则。

第二节 指标分析给门店赋能

在新零售重回门店的策略下，指标分析是指导门店分析经营情况并做出调整的有效工具，结合总部“大脑”，给门店赋予更多客户关系管理的武器，提升门店的客户管理能力。基于门店的特性，赋能门店的指标分析需要具备及时、简洁、便捷查询及任务导向等特点。

一、及时

当前的市场情况瞬息万变，门店的竞争不仅来自周边其他同行业的对手，还包括线上各种平台，在竞争对手一天可以实施多次营销活动的时候，传统的周报或月报已经无法满足实际运营需求。门店经营者需要每天关注核心客户管理指标，了解客户动向。

二、简洁

门店的经营管理不同于总部，没有专门的数据分析师进行专业的数据分析及研究工作。因此，给门店的指标必须是简洁明了、一目了然的。繁杂的指标虽然成体系，且逻辑关系完美，但不一定会受到门店欢迎，因而可能会失去赋能指导意义。

三、便捷查询

在门店一线推广任何政策或工具都不会是件简单的事情，指标分析同样如此。便捷的查询方式不仅可以提升门店对指标分析的接受程度，还可以降低门店的推广成本。微信公众号查询、门店移动管理平台集成等都是可选的方式。

四、任务导向

指标分析的结果必须有任务导向的工作配合。门店管理人员背景千差万别、经营理念也不尽相同。总部若想通过专业的数据分析及运营赋能门店，就必须相应制定与指标配套的工作任务，这样才能实现门店经营标准化、最佳实践可复制，从而辅助门店经营管理，实现真正赋能。

以某乳品公司的 CRM 系统管理为例，该公司通过 POS 终端给成百上千家门店提供了一线 CRM 系统管理工具，并在该工具中提供了客户管理分析及任务提醒的功能，其中之一便是老客户购买奶粉后系统会自动标记，并且一段时间之后会提醒门店经营人员老客户的奶粉临近再次消费的周期，需要外呼客户促使其回店再购。这个简单的功能帮助门店经营人员有效地记录了客户的消费行为，并以此给门店赋能，帮助其促进再购。

因此，仅仅通过设定分析指标的方式给门店赋能是远远不够的。总部必须根据门店所在的行业、区域及市场环境等特点，给出解读指标的最佳实践，并且辅以任务导向的门店管理工具，指导门店开展工作，从而真正赋能于门店的实践。

下面举例说明。我们将 20 个城市的会员状态制作成散点图，其中主要有两个分析指标：会员增长率（当前新增会员占该城市有效会员总比重）和会员流失率。会员增长率和流失率是会员分析最常用的两个指标，也是会员数据量的正反面体现。我们如果把有效会员数看作企业的资产，那么新增会员就是银行的存款，流失会员就是银行的取款，此时想分析当前企业的经营状况，可以通过对比“存进去”多，还是“取出来”多，得出结论。我们用企业的会员平均增长率和流失率绘制成四象限图（*X* 轴为会员流失率，*Y* 轴为会员增长率），

将20个城市分为4个象限，如图12－1所示。

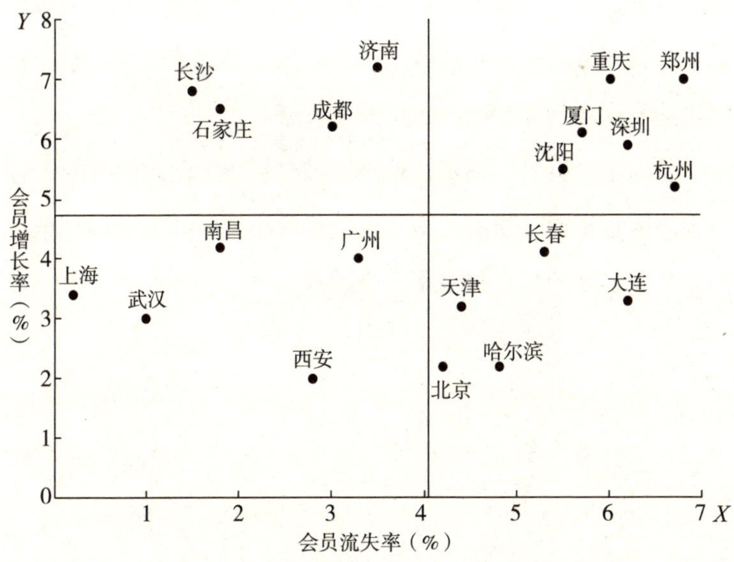

图12－1　各地区会员增长/流失情况

第一象限（右上角）表示会员流失率和增长率都比较高，第二象限（左上角）表示会员流失率低、增长率高，第三象限（左下角）表示会员流失率和增长率都比较低，第四象限（右下角）表示会员流失率高、增长率低。

从图12－1中可以看出，第二象限中的长沙、石家庄、成都、济南四座城市的会员状态是最好的，用户将会持续增长（相对较低的流失率，较高的增长率）。相反，右下角的第四象限中的北京、天津、哈尔滨、长春、大连五座城市则需要立即进行调整，用户流失情况很严重，需要提高增长率，降低流失率。第一象限中的六座城市需要降低会员的流失率，第三象限中的五座城市需要提高会员的增长率。

从以上分析可以看出，基础数据分析还是比较简单的，容易发现数据规律并得出调整结论；难的是持续性，是否真正看到了企业发展趋势、找差距、溯源头。

第三节 | 会员价值呈现

本节将从会员生命周期分析、会员用户画像分析两部分展开，进行深入的会员精细化运营分析。

一、会员生命周期分析

我们为什么需要研究会员的生命周期呢？因为处在不同阶段的会员最适合的运营策略是不一样的，传统的粗犷式运营已经不再能满足当今时代的需求。通常来说，我们可以把会员的生命周期分为普通消费者—顾客/客户—新会员—活跃会员—睡眠会员—流失会员这六大阶段，如图 12 - 2 所示。

我们可以通过漏斗图来进行某个月的会员生命周期的数据分析。对于平台来说，我们最直接关注的可能是平台的用户增长情况，那么，通过图 12 - 3 可以看出，平台的新会员为

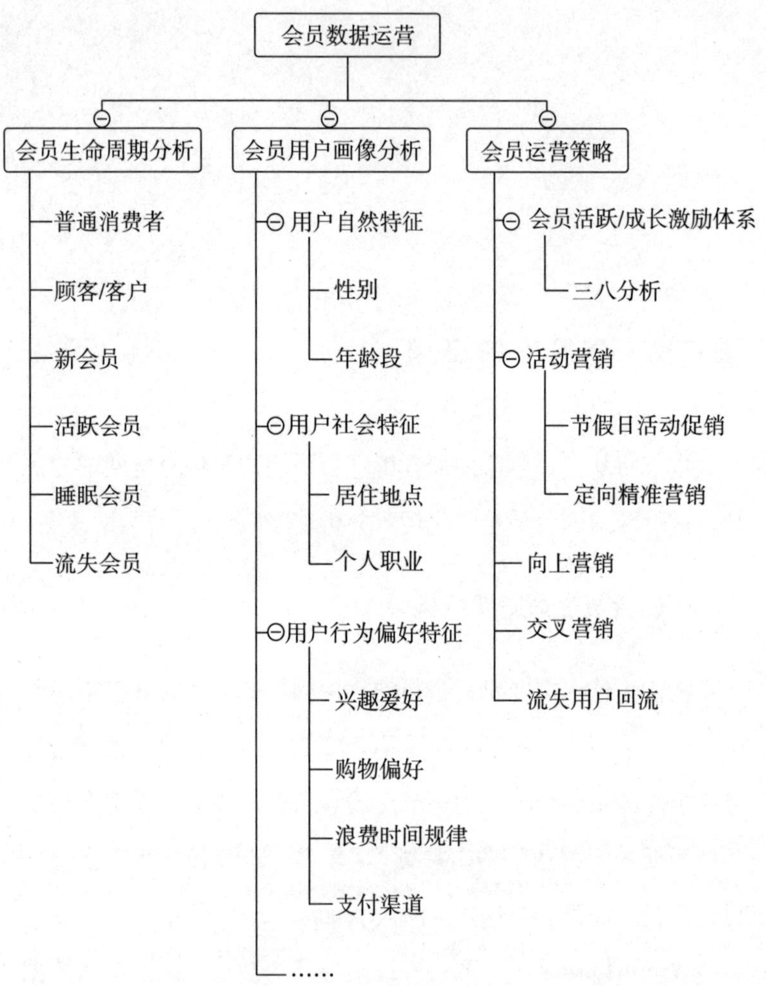

图 12－2　会员基础数据分析

5%，而流失会员却占了 8%，这意味着当月的会员减少率为 3%，那么这是一个非常危险的信号，对于这部分流失的会员，我们需要继续切片去分析平台目前存在的问题。此外，平台睡眠会员也相对较多，我们需要考虑做一些有助于唤醒睡眠会员的运营活动，改善平台会员结构。

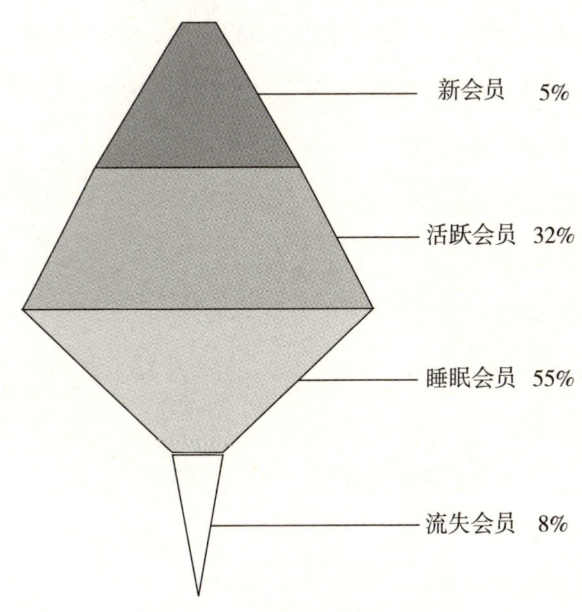

图 12－3　会员生命周期分析

二、会员用户画像分析

消费者购买行为分析是消费者数据分析研究中尤为重要的部

分，因为会员作为消费者，研究其消费习惯可以帮助企业或平台更加精准地制定营销策略。所谓会员用户画像分析，就是根据会员的用户自然特征、用户社会特征、用户行为偏好特征给会员打上标签。而会员个性化营销是给不同的人群定制他们的专属服务，比如向经常购买巧克力、饼干、糖果等零食的用户推送相关的人气零食商品，向经常在周六晚上网购的用户定时推送一些热门商品，这样才能刺激用户向企业希望的价值更高的会员级别发展。

1. 忠诚度细分模型（RFM）

我们基于每个会员过去 90 天的购买行为，分别针对三个不同维度进行打分：

（1）最近一次购买。

（2）购买频率。

（3）客单价。

然后，按照一定的方法和权重把会员分成五类不同价值的会员，如图 12－4 所示。

2. 价格关注模型

第一步，基于所在品类给每个商品打标签。第二步，算出每个会员购物篮中两种价格类型的单品数量占比。第三步，基于单品数量占比算出每个会员的价格敏感指数。第四步，基于价格敏感指数把会员分成三类人群，如图 12－5、图 12－6 所示。

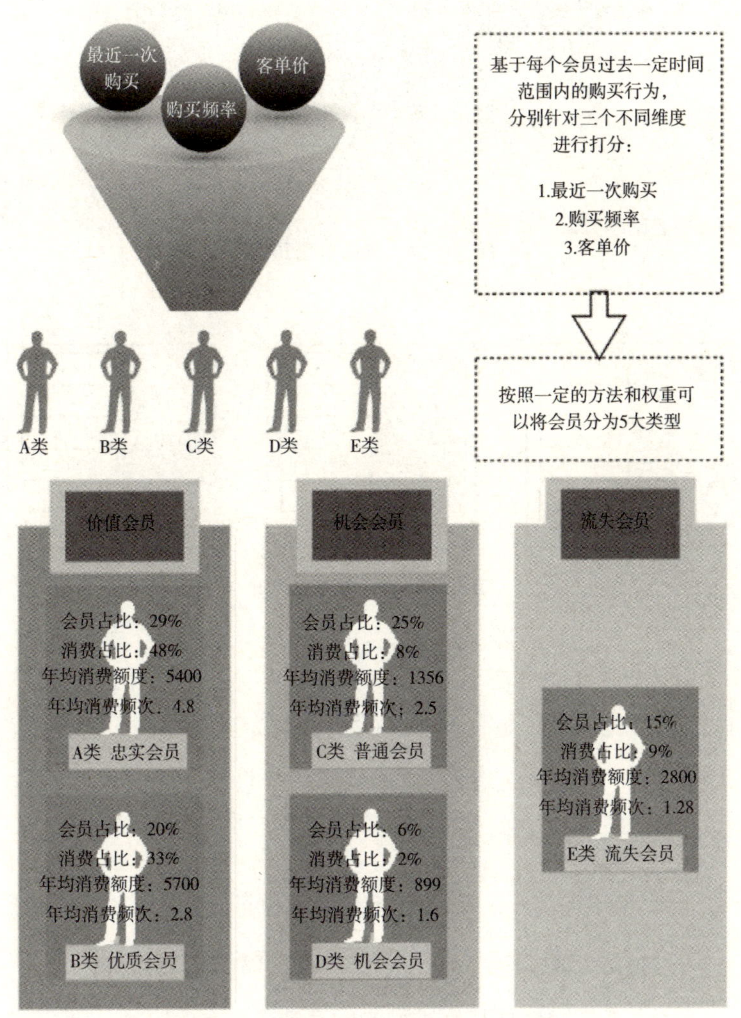

图 12－4 RFM 会员分类示例

图 12－5　会员价格指数

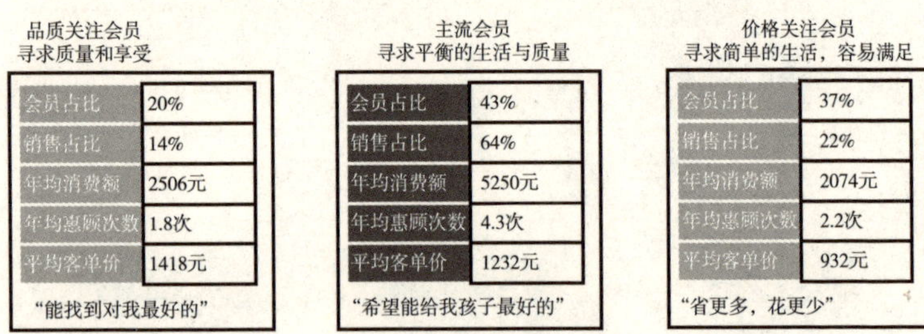

品质关注会员 寻求质量和享受	
会员占比	20%
销售占比	14%
年均消费额	2506元
年均惠顾次数	1.8次
平均客单价	1418元

“能找到对我最好的”

主流会员 寻求平衡的生活与质量	
会员占比	43%
销售占比	64%
年均消费额	5250元
年均惠顾次数	4.3次
平均客单价	1232元

“希望能给我孩子最好的”

价格关注会员 寻求简单的生活，容易满足	
会员占比	37%
销售占比	22%
年均消费额	2074元
年均惠顾次数	2.2次
平均客单价	932元

“省更多，花更少”

图 12－6　价格关注模型

3. 生活方式细分（基于聚类算法）

生活方式细分是基于顾客的购买行为（包括购买的品类、访问时段、促销参与等）以及顾客的年龄、性别等维度对顾客进行细分。

基于顾客生活方式的细分在其他行业也有很多应用，基本方法一致，即首先选择指标（标签），然后通过聚类的方法进行分群。

生活方式细分与其他类型的顾客细分最大的区别是使用统计学建模方法来实现，而不是用业务逻辑和规则，可以发现某些未知的消费人群（无监督学习），如图 12 –7 所示。

生活方式描述

- 工作日清晨
- 以蔬菜、厨用食品、奶制品、面包等每日必需食物为主，很少买日化类非食品商品
- 来店频次极高，客单低
- 对促销没那没热衷，更注意新鲜和质量

主要KPI

顾客占比：29%　　平均年龄：55岁

年均惠顾次数：44次　　男女比例：4：3

消费贡献占比：30%

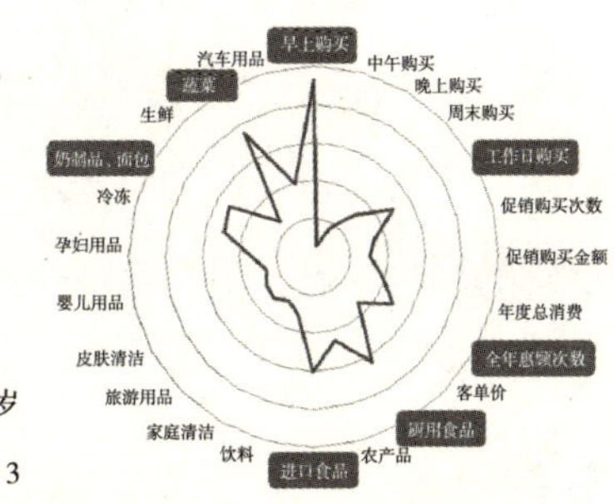

图 12 –7　会员研究定量雷达示意

会员数据分析的终极目标是通过研究消费者的购买行为数据，达到了解消费者的目的，最终实现对消费者的定向精准营销，最大化地刺激、满足，甚至是超越其消费需求需求，引导用户产生消费行为，并且尽量地产生二次或多次消费行为，最终为企业带来持续的利润回报。

会员运营管理并不仅仅局限于做一些平台的会员折扣、积分体系等促销活动，因为这些活动都是面向所有会员的，虽然在折扣比例、积分比例等方面有所差异，但会员并没有得到个性化的服务。

只有进一步给用户提供个性化服务，才能最大化地提升用户的忠诚度，挖掘其潜在价值。另外，个性化服务和营销形式

有很多，如在会员生日、节假日、纪念日时给其特殊的折扣、多倍的积分或赠送一份特别的礼品，让会员在感动之余，慷慨解囊，满载而回。定期邀请高端优质会员参加企业举办的会员俱乐部活动，也可以进一步增加其对企业文化的认同感，建立活跃的用户生态，最终实现平台和用户共赢、共享、共创，这才是会员运营的最高境界。